KB212037

Fünfzig Gebete

설교자의 기도

이 도서의 국립중앙도서관 출판시도서목록(CIP)은
서지정보유통지원시스템 홈페이지(http://seoji.nl.go.kr)와
국가자료공동목록시스템(http://www.nl.go.kr/kolisnet)에서
이용하실 수 있습니다. (CIP제어번호 : CIP2019040450)

Fünfzig Gebete
by Karl Barth

Copyright ⓒ of the German original version
Theologischer Verlag Zürich 2005

Originally published in German as *Fünfzig Gebete*
by TVZ Theologischer Verlag Zürich AG, Zürich, Switzerland.
All rights reserved.

This Korean translation edition ⓒ 2019
by Time Education, Inc., Seoul, Republic of Korea
This Korean edition is published by arrangement of TVZ Theologischer
Verlag Zürich AG through rMaeng2, Seoul, Republic of Korea

Fünfzig Gebete

설교자의 기도

칼 바르트 지음 · 박정수 옮김

비아
VIA

| 차례 |

죽음 앞에서

기도를 마치며

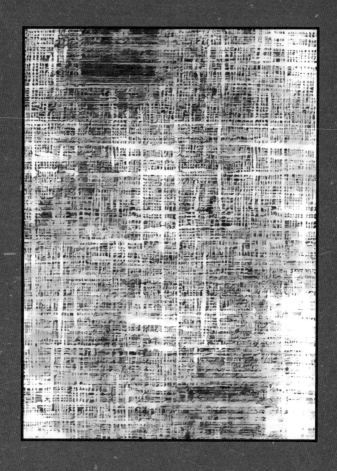

이 기도들이 영적인 각성을 불러일으키는
자극제가 되기를 바랍니다.

서문

제 이름을 단 작은 기도서가 출간되는 일은, 제 인생의 더 이른 시절에는 꿈도 꾸지 못했을 일입니다. 젊었을 때 저는 어떤 종류의 예배 예식도 싫어했던 사람이었으니 말이지요. 불과 몇 년 전만 하더라도 알피어스바흐 운동 Alpirsbacher Bewegung을 이끄는 지도자 한 분(여전히 이분을 존경합니다)은 저를 가리켜 전례典禮에 관해서는 아무것도 모르는 사람이라고 말씀하신 적이 있습니다.* 설교를 하기

---

* 알피어스바흐 운동은 독일 교회에서 일어난 전례개혁운동이다. 이 운동은 신학적으로 칼 바르트, 빌헬름 골Wilhelm Gohl, 리차드 꿸츠 Richard Gölz의 영향을 받은 것으로 알려졌다. 알피어스바흐 운동의 영향으로 지정된 주간에는 베네딕트 수도회 전통에 속한 그레고리안 찬가와 성가가 예배에 사용된다. 운동을 주도했던 신학자들은

위해 '제대'에 선 제 모습은 제가 생각하기에도 어색하기 짝이 없었습니다. 본에서 지내던 시절에는 혼자 마음을 먹고 "제대" 뒤가 아니라 앞에 선 일도 있었습니다. 물론 이런 시도는 두 번 다시는 허락되지 않았습니다(로마 가톨릭의 경우에는 요즘도 벽에 붙은 제대 앞에서 뒤돌아 미사를 집전하는 경우가 있지요). 전쟁이 끝난 후 제 친구 귄터 덴Günter Dehn은 포펠스도르프 교회 정문 앞에서 제게 "설교는 A인데 전례는 F군"이라는 평가를 내린 뒤, 저를 떠나보내기도 했습니다. 이 작은 기도서에 실린 기도문들은 그런 제가 이제서야 전례의 영역에 발을 살짝 들였다는 신호 정도일지 모르겠습니다.

꽤 오랜 시간 설교 앞뒤로 기도를 드릴 때, 기도가 단지 예식서 순서에 담겨 있기 때문에 (별다른 생각 없이) 드려야만 하는 것인지, 아니면 집례자의 선택 사항으로 남아있는 것인지 생각할 때마다 기분이 별로 좋지 않았습니다. 제 설교와 예식서의 기도가 별로 관계없어 보인다는 점이 영 불편했기 때문이지요. 게다가 (고풍스러운 것이든

전례와 찬양 때 사용되던 성가를 짓고 소개하며 연구하는 데 관심을 쏟았다. 그들의 노력은 현재 독일 루터교회의 전례곡들, 특히 키리에, 영광송, 신경, 회중과의 응송, 성가, 시편 음악에 많은 영향을 끼쳤다.

현대적인 것이든) 표현과 문체에 있어서도 둘은 자연스럽게 어우러지지 못했습니다. 그래서 저는 설교 뒤에 이어질 기도의 대안을 모색하다가 시편의 구절들을 자유로이 엮는 것으로 문제점을 보완하기로 했습니다. 즉흥적인 기도로 사이를 메꾸다가는 예식의 흐름을 망가뜨릴 위험이 있었으니 말입니다. 시편 본문들을 설교 내용과 잇대서 우선 예배의 마지막에 둘 내용과 예배의 첫머리에 둘 내용을 확정하기 시작한 것은 최근의 일입니다. 이 기도들, 그리고 기도와 밀접하게 연관된 설교들은 묶여 『두려워 말라』Fürchte dich nicht, 『포로된 이들에게 자유를 』Den Gefangenen Befreiung이라는 제목으로 출간되었는데, 저는 설교에 딸린 기도를 빼놓은 채로 설교집이 출간되는 것에 반대했습니다. 예배란 교회 공동체 삶 전체의 중심이기에 그 자체로 하나의 총체적인 것, 즉 은혜로우신 주님을 향한 간구의 총체로 드러나야 한다고 생각하기 때문입니다. 주님의 백성인 공동체를 환영한 후 (제 생각만큼 그 중요성을 충분하게 인정받지 못하고 있는) 회중들의 찬양으로 예배는 시작합니다. 인도를 맡은 공동체 구성원의 입을 통해 공동체 전체가 감사하고 참회하며 예배 가운데 주님의 임재와 도우심을 간구하며 예배는 진행됩니다. 이제 예배의 흐름은 고조되어 설교에 이릅니다. 성서 말씀(긴 본문보다는 짧은 본문)을 해석하고 우리 삶에 적용하면서 주님을 향한 간구는 우리를 향한 부르심과 선포가 됩니다. 한껏 고조되었던 예배의 흐름은 이제 폐회 기도를 향해 내려갑니다. 폐회 기도에서 설교 내용은 다시 주님을 향한 직접적인 간구 가운데 요약됩니다. 더불어 이 기도를 통해 예배는 밖을 향해, 다른 이들을 향해, 다른 교회와 세상을 향해 활짝 열린 간구로 나아갑니다(우리는 이 부분을 간과할 때가 너무도 많습니다). 폐회 찬송으로 회중들은 폐회 때 드린 기도를 자기 자신의 기도로 삼습니다. "주님께서 여러분을('우리를'이 아니라) 축복하시고 …"라고 집례자의 입으로 전해지는 축도로 예배는 끝마치고 회중은 헤어집니다(저라면 세례와 성찬도 이와 같은 흐름으로 인도했을 것입니다). 온갖 영적이고 신학적인 말들의 묘미와 생명력은 그 말이 얼마나 짧냐에 달려 있습니다.

이러한 맥락에서 쓰인 기도들을 이 작은 책에 담았습니다. 이 책은 제가 드린 기도들을 교회력을 따라 배열하고 제목을 붙였는데, 제가 직접 하지는 않았습니다만 훌륭한 선택이었다고 생각합니다. 지나치게 시사성이 강한 기도, 특정 사건이나 사람을 위한 기도(제2차 세계대전 당시

국경을 지키던 스위스군을 위한 기도라든지, 막 선출된 교종 요한 23세를 위한 기도를 염두에 둘 수 있겠지요)는 생략했습니다.

예배를 더 명료하게 이해하고자 그려 보았던 예배의 본질과 구성에 대한 제 견해가 일반적으로 받아들여지리라고 기대하기는 어렵습니다. 하지만 제가 '전례'를 지나치게 개신교적으로 이해하고 있다 할지라도 이 기도들이 유익하게 쓰일 가능성은 열려 있다고 생각합니다(친구들이 이 기도들을 모아 출판하려 애쓴 이유는 바로 이 때문일 것입니다). 저는 이 기도들이 그저 있는 그대로 설교자들에 의해 쓰이는 것이 아니라 이 사람 저 사람에게 영적인 각성을 불러일으키는 자극제가 되기를 바랍니다.

별다른 거리낌 없이 세상의 관행을 따라, 자기의 관심사와 일을 위해 드리는 기도를 교회 공동체가 받아들이는 게 타당할까요? 공동체와 함께 그런 기도를 드린다는 게 올바른 일일까요? 이 기도들이 공동체뿐만 아니라 신앙하는 개인들에게도 환영받았으면 합니다.

1962년 대림절, 바젤에서

칼 바르트

이 기도들이 공동체뿐만 아니라
신앙하는 개인들에게도 환영받았으면 합니다.

기도를 시작하며

우리가 누구인지 당신은 아십니다

주님,

우리가 누구인지 당신은 아십니다.

우리 중에는 선한 양심을 가진 사람,

악한 양심을 가진 사람,

만족하는 사람과 만족하지 못하는 사람,

확신하는 사람과 확신하지 못하는 사람,

신실한 그리스도인과 관습적인 그리스도인,

신앙인, 반쪽짜리 신앙인과 비신앙인이 있습니다.

우리가 어디에서 왔는지 당신은 아십니다.

우리 중에는 친척, 지인, 친구와 함께인 사람도 있고

극심한 외로움에 홀로 있는 사람도 있습니다.

평온하고 넉넉한 삶을 누리고 있는 사람도 있고

온갖 곤경과 괴로움을 겪고 있는 사람도 있습니다.

안정된 가족을 이루고 있는 사람도 있고

위태위태한 사람도 있으며

아예 관계가 부서진 사람도 있습니다.

공동체의 핵심 구성원인 사람도 있고
공동체 언저리를 맴도는 사람도 있습니다.
그러나 지금 우리는 모두 당신 앞에 서 있습니다.
그 모든 다름 가운데 이것만은 같습니다.
우리 모두 당신에게, 또한 서로에게
불의를 저지른다는 것,
우리 모두 언젠가는 죽어야만 한다는 것,
우리 모두 당신의 은총 없이는
길 잃은 자들일 뿐이라는 것,
그러나 당신이 사랑하시는 아들,
우리 주 예수 그리스도 안에서
우리 모두에게 은총을 약속하셨고 또 주셨습니다.
이제 여기 함께 모여 당신의 말씀에 귀기울이며
당신을 높여 드립니다.
이 시간 이 놀라운 일이 이루어지도록
당신의 아들, 우리 주 예수의 이름으로 간구합니다.
아멘.

한 자락 밝은 빛이 온 세상에

하늘에 계신 아버지,

영원한 말씀, 살아있는 말씀, 구원하는 말씀을

예수를 통해 우리 인간에게 전하셨고

지금도 전하고 계심에 감사드립니다.

우리가 그 말씀을 흘려 듣지 않도록,

말씀에 순종하는 데 게으르지 않도록 하소서.

우리가 쓰러지도록 두지 마시고

우리 한 사람 한 사람에게 당신의 위로가,

우리 사이에 당신의 평화가 임하게 하소서.

한 자락 밝은 빛이

언제나 우리 마음에, 우리 모임에, 우리 가족에,

이 도시와 나라와 온 세상에 임하게 하소서.

우리가 사는 이 시대를 어둡고 위험하게 만든

잘못과 악함을 당신은 아십니다.

이 짙은 안개를,

적어도 이 세상을 다스리는 이들의 머리에서,

나아가 그들에게 다스릴 권한을 주는 사람들에게서,

무엇보다도 여론을 형성하는 사람들의 머리에서
흩날려 버릴 새로운 바람이 불게 하소서.
육체적으로나 정신적으로 고통받는 모든 이들,
삶이 괴로운 모든 이들,
자기 자신 혹은 다른 사람의 잘못으로 인해
길을 잃고 방황하는 이들,
친구도, 의지할 사람도 하나 없는 이들을
불쌍히 여겨 주소서.
젊은이들에게 참된 자유와 온전한 기쁨이
무엇인지 보여주시고,
나이 들어 죽어가는 이들을 내버려 두지 마시고
부활과 영원한 생명의 소망을 주소서.
당신은 우리의 어려움을
그 누구보다 염려하는 분이시며
이를 바꿀 수 있는 유일한 분이십니다.
그렇기에 우리는 당신을 향해
눈을 들 수 있으며 또한 들고자 합니다.
우리의 도움은 하늘과 땅을 지으신
당신에게서 옵니다.
아멘.

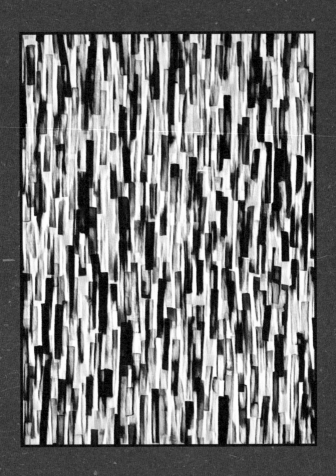

우리가 어디에서 왔는지 당신은 아십니다.

대림절

우리가 받을 당신의 선물

주님, 올해에도 세상에서 가장 위대한 것,
곧 당신의 사랑이 우리 눈 앞에 펼쳐지는
성탄을 맞이하게 하소서.
그 빛과 축제, 기쁨을 맞이하게 하소서.
당신은 세상을 지극히 사랑하셔서
하나뿐인 아들을 주셨고
우리는 모두 그를 믿어 길을 잃지 않고
영원한 생명을 얻습니다.

우리가 당신께 무엇을 드릴 수 있겠습니까?
우리 관계와 마음엔 어둠이 가득합니다.
혼란스러운 생각들, 냉정함과 반항,
부주의함과 증오가 가득합니다.
당신이 기뻐하실 수 없는 것들,
우리를 서로 갈라놓으며
도무지 우리를 도울 길 없는 것들로 가득합니다.
성탄의 메시지를 거스르는 것들로 가득합니다.

이 초라한 선물들을 당신 앞에 내어놓습니다.
우리 같은 사람들과 무엇을 하실 수 있을까요.
그러나 이 성탄절, 당신은
이 모든 쓸모없는 것과
이 모습 이대로의 우리를 받으셔서
우리에게서 이것들을 없애 버리길 원하십니다.
이를 통해 당신은 우리에게 우리 구주 예수를,
우리와 온 인류를 위한
새 하늘과 새 땅, 새 마음과 새 갈망,
새 확신과 새 소망을 품고 계신 그분을 내어주십니다.

성탄절을 맞기 전 마지막 주일인 이날,
다시 모여 예수를 당신의 선물로 받기 원하는
우리와 함께하소서.
당신이 우리 모두를 위해 품으신 뜻을,
우리 모두를 향해 이미 결정하신 바를,
우리 모두를 위해 이미 완성하신 일을
합당하게, 감사 넘치는 놀라움으로
올바르게 말하고 들으며 기도하게 하소서.
아멘.

당신은 우리를 친히 찾아오셨으니

주 우리 아버지,

우리에게 보내 주신 그분 안에서

당신은 우리를 친히 찾아오셨으니,

전적인 감사와 겸손 가운데

온전한 기쁨과 확신을 품고

당신께 나아가 성탄을 맞이할 수 있는 은총을

많은 사람, 모든 사람, 그리고 우리에게 주소서.

그리고 우리 안의 많은 것들을 제거해 주소서.

때가 되었으니,

우리의 주님, 구원자이신 당신께서

우리 안에 새 질서를 창조하시어

이제 더는 우리가 할 수 없는,

이제 더는 우리에게 속하지 않은

그런 일들이 우리에게서 사라지게,

반드시 사라지게 하소서.

당신과 당신의 나라를 알지 못하는,

아직 제대로 알지 못하는

모든 이들을 불쌍히 여기소서.

이들은 한때 모든 것을 알았지만 이내 잊어버렸거나

오해했거나 심지어는 부인했습니다.

극심한 괴로움을 겪고 있는 이들,

위협에 처한 이들,

어리석음에 빠져있는 이들을 불쌍히 여기소서.

동서방 양 진영의 권력자들,

해야 할 합당한 바를 전혀 깨닫지 못하고 있는

그들의 생각을 일깨워 주소서.

정부 지도자들과 국민의 대표자들, 판사들과 교사들,

공직자들과 언론인들에게 책임 있게

직무를 수행하기 위한 통찰력과 분별력을 주소서.

성탄을 맞이하는 이때,

설교하는 이들이 입술에

참되고 필요하며 유익한 말을 담게 해 주시고

이를 듣는 이들의 귀와 마음을 열어 주소서.

육체적으로나 정신적으로 고통받는 이들,

갇힌 이들, 괴로워하며 버림받고

절망한 모든 이들에게

위로와 용기를 주소서.

그들을 도우시되

그들과 우리에게 진정 도움이 되는 것들로만,

당신의 확실한 말씀과

성령의 은밀한 일하심으로 도우소서.

당신을 향한 우리의 기도가 헛되지 않으며,

앞으로도 결코 헛되지 않으리라는 사실을

알 수 있음에 감사드립니다.

당신의 빛을 발하시며,

그 빛이 어둠 속에 비치고

어둠이 그 빛을 이기지 못함에 감사드립니다.

당신이 우리의 주님이 되시고

우리가 당신의 백성이 될 수 있음에 감사드립니다.

아멘.

성탄절

당신의 충만함으로 곤궁한 우리를 넉넉하게 하소서.

온 세상을 위한 소망

하늘에 계신 아버지,
당신이 사랑하시는 아들이 우리를 위해 인간이,
우리의 형제가 되셨다는 사실을 기뻐하고자
여기 함께 모였으니,
그분 안에서 우리 모두를 위해 예비하신
큰 은총과 유익, 도움이 무엇인지
친히 말씀해 주시기를 진정으로 간구합니다.

그분 안에 우리의 모든 죄악에 대한 용서가 있으며,
새로운 삶의 씨앗과 힘이 있으며,
삶과 죽음을 향한 위로와 훈계가 있으며,
세상을 위한 소망이 있음을 붙들 수 있도록
우리의 귀와 지혜를 열어주소서.
우리에게 오시는 당신의 아들을
겸손히 또한 용기 내어 맞이할 수 있는
해방의 선한 영을 우리 안에 창조하소서.

이 축제의 껍데기와 허망함을 뚫고 들어오시어

모든 성도, 세계 도처에서 함께 경건하게

성탄을 기념하는 많은 이들 가운데서

이 일을 행하소서.

아멘.

곤궁한 우리를 넉넉하게 하소서

주님,
당신은 우리와 온 인류를 주관하시는,
크고 높으며 거룩한 분이십니다.
당신은 실로 위대하시기에 우리를 잊지 않으시고,
우리를 홀로 버려두지 않으시며,
우리를 향한 모든 고발에도 불구하고
우리를 저주하지 않으십니다.
당신의 사랑하시는 아들 예수 그리스도 안에서
당신은 그야말로 당신 자신을,
당신께 속한 모든 것을 우리에게 주셨습니다.
사는 날 동안 그리고 영원히
당신이 베푸신 식탁에서 우리를
귀히 대접해 주시니 감사드립니다.

이제 당신 앞에 우리를 괴롭히는
모든 것을 내어놓습니다.
우리의 흠, 우리의 실패, 도를 넘는 잘못,

우리의 슬픔, 염려, 우리의 반항과 쓰라림도,

당신은 우리보다 우리를 더 잘 아시니

당신께 우리 모든 마음, 모든 삶, 이 모든 것을

구주 안에서 우리에게 내미신

당신의 신실한 손길 위에 놓습니다.

우리 모습 그대로를 받아 주소서.

연약한 우리를 바로 잡아 주소서.

당신의 충만함으로 곤궁한 우리를 넉넉하게 하소서.

아울러 당신의 인자하심을 우리 가족들 위에,

갇힌 이들, 고통받는 이들,

병들고 죽어가는 다른 이들에게 비추어 주소서.

판결하는 이들에게 정의의 영을 주시고,

세상을 다스리는 이들에게 당신의 지혜를 주셔서

이 땅에서 평화를 구하게 하소서.

이곳에서나 선교지에서

당신의 말씀을 전하는 이들에게

분명함과 용기를 주소서.

이제 구주께서 허락하시고 또 명하신 바를 따라
당신을 부르며 이 모든 간구를 한데 모읍니다.

하늘에 계신 우리 아버지,
그 이름을 거룩하게 하여 주시며,
그 나라를 오게 하여 주시며,
그 뜻을 하늘에서 이루심 같이
땅에서도 이루어 주소서.
오늘 우리에게 필요한 양식을 내려 주시고,
우리가 우리에게 죄지은 사람을 용서하여 준 것 같이
우리의 죄를 용서하여 주시고,
우리를 시험에 들지 않게 하시고,
악에서 구하여 주소서.
나라와 권세와 영광은 영원히 아버지의 것입니다.
아멘.

지금 우리의 중심에

주님,

당신은 스스로를 낮추셔서

우리를 높여 주셨습니다.

당신이 가난하게 되셔서

우리가 부요하게 되었습니다.

당신이 우리에게 찾아오셔서

우리가 당신께 나아가게 되었습니다.

당신이 우리와 같은 사람이 되셔서

우리가 당신의 영원한 생명에 참여하게 되었습니다.

이 모든 것은 당신의 값 없는,

감당치 못할 은총으로부터 왔습니다.

이 모든 것은 당신의 사랑하시는 아들,

우리 주요 또 구원자이신

예수 그리스도 안에 있습니다.

이 신비와 놀라움을 마주하며

우리는 여기 모여 당신을 경배하고 찬양하며

당신의 말씀을 선포하고 또 듣고자 합니다.

그러나 우리의 마음과 생각이 당신을 향하도록

당신이 우리를 해방하시지 않는다면,

우리에겐 이를 행할 아무 능력도 없음을 압니다.

그러므로 간구합니다.

지금 우리의 중심에 들어와 주소서.

당신께로 향하는 길을 성령을 통해

보이시고 열어주소서.

우리의 눈으로 이 세상에 임한 당신의 빛을 보고

우리 삶의 행실로 당신을 증거하게 하소서.

아멘.

성탄의 빛이 임하기를

예수 그리스도를 통해 우리의 아버지 되신 주님,
온전치 못한 가운데 드리는 이 예배와,
이해하거나 또한 이해하지 못한 채로 맞이하는
다른 많은 성탄 축제를 포함하여,
우리 인간들이 제대로 행하지 못하는 일들을
선하게 만들어 주소서.
당신은 바위에서 물을 내어 흐르게 하시며
물을 포도주로 바꾸시고
돌들로도 아브라함의 자손을 만들 수 있으시니,
크고 헤아릴 수 없는 신실함으로
당신의 백성에게 맹세한 바를 지키시어
이 모든 일을 이루십니다.
이 신실하심이 복음 안에서 빛을 발하여
우리가 모든 상황에서 이를 붙잡을 수 있으니
당신께 감사드립니다.
우리가 이것에 대해 둔감해지지 않게 하소서.

무관심이라는 잠과
우리의 경건한 또 경건치 못한
열정과 욕망이 빚어낸 사악한 꿈으로부터
우리를 끊임없이 깨워 주소서.
당신의 길로 항상 우리를 되돌려
이끄시는 일에 지치지 마소서.

전쟁의 어리석은 결과들과
오늘날 세계인들을 끔찍한 위험에 빠뜨리는
상호 위협을 막아 주소서.
통치자들과 여론에 영향을 미치는 이들에게
당신의 선한 세상에 살아가는 만물을 품는 정의를,
세우고 지키기 위해 요구되는 새로운 지혜와 인내,
그리고 결단력을 허락하소서.
우리의 도시와 교회, 대학과 학교에서 하는 일들이
모든 이들에게 참으로 유익하며
당신께는 영광이 되게 하소서.

이를 위해 당신의 빛 없이는, 당신의 축복 없이는
그 무엇도 이루어지지 않게 하시기를 간구합니다.
무엇보다도 성탄을 기뻐할 수 없는
많은 이들을 위해 간구합니다.
우리가 아는 또 알지 못하는 가난한 이들,
외로이 늙어가는 이들,
육체적으로나 정신적으로 고통받는 이들,
갇혀 있는 이들에게,
그 모든 상황에도 불구하고
성탄의 빛이 한 자락이나마 더 임하기를 원합니다.
그리고 도처에 있는 가족 친지들과
우리 모두를 당신께 맡깁니다.
우리의 삶과 또 장래에 있을 우리의 죽음 위에
은혜로운 당신의 손길이 항상 드리워지게 하소서.

주님 우리에게 자비를 베푸소서.
이제와 또한 영원히 당신의 이름이 찬양을 받으소서.
아멘.

참된 성탄의 공동체가 되게 하소서

주님,
당신은 하늘에서뿐만 아니라
우리와 더불어 땅에서 살고자 하셨습니다.
높고 위대해지려고만 하신 것이 아니라
우리처럼 낮고 작아지려 하셨습니다.
우리의 주인만 되고자 하신 것이 아니라
우리의 종이 되고자 하셨습니다.
영원한 주님으로만 계신 것이 아니라
우리를 위해 인간으로 태어나셔서
살고 또 죽으셨습니다.

당신의 사랑하시는 아들,
우리의 구원자 예수 그리스도 안에서
당신은 우리에게 당신 자신을 주셔서
우리가 완전히 당신께 속하게 하셨습니다.
우리 중 누구도 자격이 없으나,
우리 모두 이 은총을 누립니다.

당신이 우리에게 행하신 것들에 놀라고,

기뻐하며, 감사드리고,

그것을 굳게 붙드는 것,

이 외에 우리에게 더 무엇이 있겠습니까?

이 고백이 이 시간 우리 가운데,

우리 모두에게 참되기를 당신께 간구합니다.

정직하고 자발적이며 열려 있는

기도와 노래, 말함과 들음 가운데

참된 성탄의 공동체가 되게 하시고,

거룩한 굶주림 가운데

온전한 성찬의 공동체가 되게 하소서.

아멘.

우리를 내버려 두지 마소서

주님,

두려울 때 우리가 절망하게 두지 마소서.

낙심할 때 우리를 쓰라린 채 두지 마소서.

실패했을 때 우리가 쓰러져 있게 하지 마소서.

우리의 지각과 힘이 다할 때

우리가 죽게 내버려 두지 마소서.

도리어 그럴 때 가까이 계시는 당신을,

당신의 사랑을 느끼게 하소서.

당신은 마음이 가난하며 부서진 이들,

당신의 말씀을 두려워하는 이들에게

이를 약속하셨습니다.

당신의 사랑하는 아들은 모든 인간에게,

죽을 운명을 지닌 모든 인간에게로 오셨습니다.

그분도 우리와 같은 짐을 지셨기에

마구간에서 태어나시고, 십자가 위에서 죽으셨습니다.

이것을 알며 고백하는 데 깨어 있도록

주님, 우리 모두를 일깨워 주시고 붙들어 주소서.

이제 우리 시대의 모든 어둠과 고통을 생각합니다.

우리가 우리 자신을 괴롭히는

수많은 잘못과 오해를 생각합니다.

많은 이가 절망하며 감내해야만 하는

괴로움을 생각합니다.

세계를 위협하는 크나큰 위험을,

그것에 어떻게 다가서야 하는지도

알지 못한 채 생각합니다.

육체적으로 또 정신적으로 고통받는 이들,

가난한 이들, 난민들, 억압받는 이들,

불의로 괴로워하는 이들,

부모가 없거나 부모답지 못한 부모를 둔 아이들,

누군가의 도움을 갈망하는 이들을 기억합니다.

우리나라와 다른 모든 나라의 정부 지도자들,

판사들과 공직자들,

교사들과 교육자들, 저술가들과 언론인들,

의사들과 간호사들,

도처에 있는 교회와 공동체에서

당신의 말씀을 선포하는 이들을 기억합니다.

성탄의 빛이 이전보다 더욱 밝게
우리와 그들을 비추기를,
우리와 그들을 돕기를 바랍니다.
이 모든 소원을 간구하는 기도에 담습니다.
우리 구주의 이름으로
이 모든 것에 당신은 이미 응답하셨으며
계속 응답해 주실 것입니다.
아멘.

성탄의 빛이 이전보다 더욱 밝게
우리와 그들을 비추기를,
우리와 그들을 돕기를 바랍니다.

송년

한 해의 마지막 날 드리는 기도

주님,

세월은 왔다가 또 갑니다.

우리는 살다가 또 죽습니다.

그러나 당신은 지금도, 앞으로도 살아 계십니다.

당신의 다스리심과 신실하심,

당신의 정의와 자비는 시작도 끝도 없습니다.

당신은 우리 삶의 기원이자 목적이십니다.

당신은 우리의 생각과 말과 행동의 심판자이십니다.

오늘 우리는 너무도 자주, 바로 이 시간까지도

반복해서 당신을 잊고, 부인하며, 거스릅니다.

이렇게 고백할 수밖에 없음에

몸 둘 바를 모르겠습니다.

그러나 오늘 당신의 말씀은

우리를 일깨우고 위로합니다.

이 말씀은 당신의 사랑하시는 아들 예수 그리스도,

우리를 위해 인간으로 오셔서 죽으시고 부활하신

우리의 형제입니다.

당신은 이 말씀을 통해 당신이 우리의 아버지이시며
우리가 당신의 자녀임을 알도록 하십니다.
한 해의 마지막 주일인 오늘
우리가 이 기쁜 소식을 다시 선포하고
들을 수 있음에 감사드립니다.
우리를 자유롭게 하셔서 올바른 것을 말하며
그것을 합당하게 듣게 하소서.
그리하여 이 시간이 당신께는 영광의 시간이,
우리 모두에게는 평화와 구원의 시간이 되게 하소서.
아멘.

당신을 향한 소망을 품게 하소서

주 우리 아버지,

당신은 언제나 우리를 사랑하시며

순전한 선함으로 우리를 당신께로 이끄신다는 것을

어제와 같이 오늘도 말씀하시며,

오늘과 같이 내일도 말씀하실 것입니다.

당신께 귀 기울입니다. 우리가 올바로 듣게 하소서.

당신을 믿습니다. 우리의 믿음 없음을 도우소서.

당신께 순종하기 원합니다. 우리 안에 있는

너무나 나약한, 너무나 굳어버린

모든 것을 없애주소서.

그리하여 당신께 진실하고 합당하게 순종케 하소서.

당신을 신뢰합니다.

우리의 머리와 가슴에서 모든 망령을 제거하시어

온전히 또 기쁨으로 신뢰하게 하소서.

피난처 되신 당신께로 피합니다.

버려야 할 모든 것을 망설임 없이 버리게 하시고

뚜렷한 확신 가운데 앞을 향해 나아갈 수 있게 하소서.

이곳에 모인 모든 이들,

이 도시와 세계 곳곳의 길 잃은 모든 이들,

슬픔과 쓰라림과 혼란 가운데 있는

모든 이들을 도우시고,

갇혀 있는 모든 이들,

육체적인 또한 정신적인 질병으로

고통 중에 있는 이들,

정치 영역에서 말의 주도권과 힘을 가진 이들,

먹을 것과 정의와 자유를 호소하는 이들,

이유가 있든지 없든지 전쟁을 벌이고 있는

국가와 민족들,

교사들과 교육자들에게 맡겨진 아이들을 도우시고,

지향이나 신조와 무관하게 모든 교회를 도우셔서

그들이 당신 말씀의 순전한 빛을 지키며

또 발하게 하소서.

가까이에서나 멀리에서나

우리를 슬프게 또 낙심하게 하는 일들이

너무도 많습니다.

이에 우리는 분노하고 또 무관심해집니다.

그러나 당신께는 온전한 질서와 평화,

자유와 기쁨이 있습니다.

당신은 지나간 해에도

우리와 온 세계의 소망이셨으며,

새해에도 역시 그러하십니다.

우리는 소망을 품습니다.

아니, 당신만이 당신을 향한 이 소망을 품게 하십니다.

주님, 곧 성부와 성자와 성령이신 당신께

어제도 오늘도 내일도 또한 영원히 영광이 있습니다.

아멘.

한 해의 끝자락, 새 시작에 빛을

하늘과 땅의 주님,
저물어 가는 이 한 해 우리는 마지막으로 여기 모여
당신이 우리에게 거듭 말씀하신 것을
함께 들으려 합니다.
잘 이해하고 부르든 그렇지 못하든 함께 찬양하며,
당신만이 주실 수 있는 그것을 달라고
함께 부르짖고자 합니다.
올 한 해에도 끝없이 잘못을 저질렀습니다.
우리를 용서하소서.
한 해의 끝자락에 크나큰 어둠이
우리를 둘러싸고 가득 채우고 있습니다.
빛을 밝혀 주소서.
지금 여기, 우리의 자리에서 나와
당신이 세워 두신 목적지로 줄곧 나아가며
마침내 다다를 수 있는 새로운 용기와 힘을 주소서.
당신이 하신 약속에 대한 더 큰 믿음,
당신의 은총 가득한 활동에 대한 더 큰 소망,

당신과 우리 이웃을 향한 더 큰 사랑을 주소서.
새해를 맞이해 우리는 이를 소망합니다.
이 소망은 오직 당신만이 이루실 수 있습니다.

한 번 더 우리와 함께하소서.
당신이 우리 모두와 각 사람에게서
멀리 떨어져 있지 않으시고,
가까이 계시며 우리의 간구를 들으시되,
우리가 생각하고 마음에 품은 것 이상으로
듣고 계신다는 것을 다시 한번 보여주소서.
이 밤, 당신 없이는 어찌할 바를 모르는 많은 이들에게
신실한 주님이 되어 주소서.
당신은 어제도 오늘도 내일도
온 세상의 주인이십니다.
아멘.

첫걸음을 떼게 하소서

주님,
당신은 변함없이 계십니다.
당신의 날은 끝이 없습니다.
당신은 우리에게 살아갈 시간을 허락하셨고,
이를 실제로 주셨습니다.
살아있는 당신의 말씀 안에서
당신의 마음이 우리의 마음을 향해 전해집니다.
감사합니다.
모든 것이 사라질 때 당신의 말씀을 붙잡게 하소서.
당신의 그 말씀을 붙잡을 수 있도록 자유를 주소서.
이 자유 가운데 묵은해의 마지막 걸음을 떼고,
새해의 첫걸음을 떼게 하소서.
우리에게 주어진 시간이 길든 짧든
그렇게 남은 걸음을 걷게 하소서.

이러한 자유로
이곳저곳에서 늘 새로운 사람들,

나이 든 이들과 젊은이들, 높은 이들과 낮은 이들,

영리한 이들과 미련한 이들을 일깨우시고 비추셔서,

이들을 영원히 살아있을 것들의

증인으로 빚어내소서.

영원한 아침의 광채를 한 자락이라도,

아니, 한 움큼이라도 더,

감옥과 병원, 학교와 관청의 회의실과

언론사의 편집실에,

사람들이 고생하고 일하며 말하고

결정하는 모든 곳에,

당신의 주권과 당신 앞에 선 자신들의 책임을

너무나 쉽게 망각하는 모든 곳에 비추어 주소서.

이 아침의 광채를 가족과 친지,

우리가 알고 있는 혹은 알지 못하는 가난한 이들,

버려진 이들, 혼란을 겪는 이들,

굶주린 이들, 병든 이들,

죽어가는 이들의 마음과 삶에도 베풀어 주소서.

우리의 때가 끝나는 날까지 그침 없이

이 빛이 임하게 하소서.

위대하신 주님, 당신을 찬양합니다.

당신께만 소망을 둡니다.

우리를 잃어버리지 마소서.

아멘.

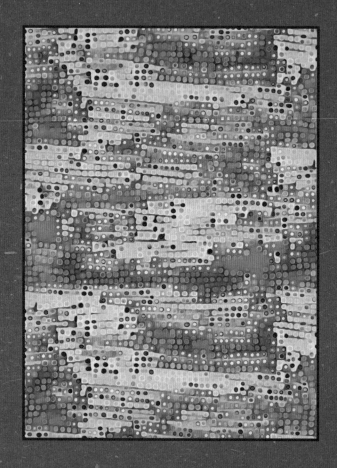

우리의 때가 끝나는 날까지
그침 없이 당신의 빛이 임하게 하소서.

공헌절

우리를 깨우소서

주님,

이 시간 함께 모일 수 있게 해주심에 감사드립니다.

이제 우리는 당신을 부릅니다.

마음을 좌우하는 모든 것을 당신 앞에 내놓습니다.

세상의 구원에 대한 복음을 함께 듣습니다.

그리고 당신께 영광을 돌립니다.

지금 우리에게 임하소서.

우리를 깨우소서.

당신의 빛을 우리에게 주소서.

우리를 가르치시고 위로하소서.

우리 각 사람에게 말씀하셔서

각자에게 필요하고 도움이 되는

그 말씀을 듣게 해 주소서.

이 아침, 다른 곳에서

당신의 공동체로 함께 모인

모든 이들에게도 은총으로 임하소서.

당신의 말씀으로 그들과 우리를 붙들어 주소서.

위선과 잘못, 지루함과 산만함으로부터

우리 모두를 지켜 주소서.

우리 주 예수 그리스도를 통해

지식과 소망, 분명한 증거와 기쁜 마음을 주소서.

아멘.

생명으로 나아가게 하소서

주 우리 아버지,

당신은 세상을 지극히 사랑하셔서 외아들을 보내셨고,

그를 믿는 모든 이들이 멸망하지 않고

영원한 생명을 얻게 하셨습니다.

이 진리를 우리 마음과 생각에 새겨 주시고,

그의 죽음을 통해 옛 사람은 모두 죽었으며,

그의 부활을 통해 새 사람이 태어났음을 알도록

우리를 깨우쳐 주소서.

우리를 가르쳐 믿게 하시며,

이 믿음 가운데 죽음에서 생명으로 나아가게 하소서.

당신이 우리를 먼저 사랑하셨으니,

우리를 사랑 없는 가운데 두지 마소서.

갈팡질팡하지 말게 하소서.

냉랭하지 않게 하소서.

도처에 있는 당신의 공동체에 권위를 주시며,

지키시고 새롭게 하시기를 간구합니다.

기쁨으로 당신의 이름과 뜻,

당신의 나라를 분명히 선포하게 하소서.

혼란을 겪고 있는 이들 속에서

없어져 버린 옛것과

자라나야 할 새것의 증거들이 충분히 드러나며

결실을 보게 하시기를 간구합니다.

통치하는 모든 이들이 당신 앞에서

책임 있게 가르침 받고,

결정하며, 행동하게 해주소서.

비그리스도인들을 향한 선교에,

젊은이들을 위한 교육에,

억압과 고통당하는 모든 이들을 위한 도움에

영으로 함께하여 주시고 빛으로 축복해 주소서.

모든 병든 이들, 갇힌 이들,

버림받고 혼란을 겪는 이들에게

위로와 도움을 주시기를 간구합니다.

예수 그리스도를 통하여

우리 한 사람 한 사람 모두가

당신의 영원한 신실하심을 기억하게 하소서.

아멘.

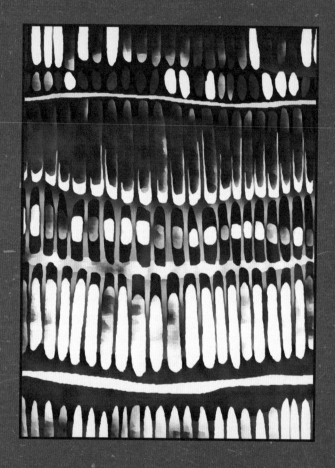

당신이 우리를 먼저 사랑하셨으니,
우리를 사랑 없는 가운데 두지 마소서.

고난주일

당신이 우리 앞에 두신 길

주 우리의 아버지,

여기 함께 모여 당신을 부르며

당신께 귀 기울일 수 있음에 감사드립니다.

당신 앞에서 우리는 모두 같습니다.

당신은 우리 각 사람의 삶, 생각, 걸음과 마음을

가장 작은 면부터 가장 깊이 감추어진 면까지

다 알고 계십니다.

당신 보시기에 의로운 이는 단 한 사람도 없습니다.

그러나 당신은 단 한 사람도

잊거나 거부하거나 정죄하지 않으십니다.

도리어 당신은 우리를 사랑하십니다.

우리에게 필요한 것을 아시고, 그것을 주시며,

당신을 향해 뻗은 우리의 빈손을 살펴 이를 채우시되

인색하지 않게, 넘치도록 채우십니다.

당신의 사랑하시는 아들 예수의 고난과 죽음 속에서

당신은 우리에게 헤아릴 길 없는 자비와

넘치는 도움을 베푸셔서

우리를 대신하셨고,

우리의 어둠과 탄식을 떠맡으셨으며,

우리를 해방하셔서 우리가 당신의 빛으로 나아가

당신의 자녀로 즐거워하게 하셨습니다.

이제 그의 이름으로 구하오니

우리 각 사람에게 선하신 성령을 주셔서

이 시간 우리가 당신을, 우리 자신을,

또 서로를 더욱 잘 알게 하시고

당신이 우리 앞에 두신 길,

바로 예수가 십자가에 달려 고개를 떨구고

죽음을 맞이한 길,

영원 전부터 그랬던 길을 따라,

우리의 마음 상태가 어떠하든

선뜻 용기를 내어 걸음을 떼게 하소서.

아멘.

헤아릴 수 없는 자비를 기리며

주님,
당신의 사랑하시는 아들 안에서
헤아릴 수 없는 자비로 우리를 위해
당신 자신을 그토록 낮추시고
당신을 위해 우리를 드높이셨으니
찬양하며 감사드립니다.
당신은 당신의 백성인 이스라엘,
그리고 이방 민족이었으나
우리의 선조가 된 백성들을 부르셨습니다.
이 위대한 결정을 내리신 당신을
찬양하며 감사를 올립니다.
당신은 거절당한 이들과
부름받지 못한 이들에게도 주님이 되시며
자애롭고 의롭게 우리 한 사람 한 사람을 대해주시니,
당신의 은혜로운 선택과 부르심을
찬양하며 감사드립니다.

이 모든 신비 가운데 당신을 인정하고 경배하는 일에
우리가 지치지 않고,
믿음으로 당신의 말씀을 붙들게 하소서.
이 말씀을 통해 당신을 더욱 영화롭게 하시며
비록 이 땅 위에서의 삶이라 할지라도
우리에게 영원한 축복과 평화, 기쁨을 채워 주소서.
모든 나라 가운데 있는
당신의 교회를 위해 간구합니다.
잠자는 교회가 깨어나도록,
핍박받는 교회가 당신으로 인해
늘 기쁨과 확신에 거하게 하시고,
당신을 주님으로 고백하는 교회들이
자신들을 위해서가 아니라
당신의 영광을 위해 살아가게 하소서.

온 세상의 통치자들과 권력자들을 위해 기도합니다.
선한 이들을 지켜 주시고,

악한 이들은 모두 당신의 뜻을 따라
그 마음을 돌리소서.
아니면 그들의 권력을 거두어 가소서.
그들 모두에게 그들은 당신의 종이며,
앞으로도 종의 자리를 지켜야 한다는 것을
가르쳐 주소서.

모든 압제와 무질서를 이겨낼 수 있기를,
모든 억압받는 민족과 개인이
자신들의 권리를 누리게 되기를 기도합니다.

가난한 이들과 병든 이들,
갇힌 이들과 의지할 데 없는 이들,
어려움에 빠진 이들과
아마도 당신만이 아실 그 어떤 이유로 인해
고통받는 모든 이들을 위해 기도합니다.
당신 나라의 소망으로 친히 그들을 위로해 주소서.
아멘.

성금요일

당신께서는 상상할 수도 없는 커다란 자비로
우리의 죄와 비참함을 함께 나누어 지셨습니다.

우리의 죄와 비참함을 함께 나눈 당신께

주님,
당신이 세상과 우리 모두를 향한
선하고 확고한 뜻을 어떻게 이루셨는지
기억하기 위해 여기 함께 모였습니다.
당신이 우리 주 예수 그리스도,
사랑하시는 아들을 붙잡히도록 내어주셔서
우리가 자유롭게 되었고,
그를 정죄받게 하셔서 우리가 죄 없게 되었으며,
그를 고통받게 하셔서 우리가 기뻐하게 되었고,
그를 죽음에 넘기셔서 우리가 영원한 생명을
누리게 되었습니다.
우리는 우리의 힘으로는 아무것도 할 수 없는
소망 없는 자들일 뿐입니다.
우리 중 누구도 구원을 얻을 자격이 없습니다.
그러나 이런 우리를 위해 위대한 일을 이루시고자
당신은 상상할 수도 없는 커다란 자비로
우리의 죄와 비참함을 함께 나누어 지셨습니다.

이 위대한 일을 이해하고,
붙잡으며, 받아들이는 것 외에
우리가 당신께 달리 어떻게
감사를 드릴 수 있겠습니까?
살아 계신 구세주께서 우리를 위해 고통을 당하시고,
십자가에 못 박히시고, 죽으시고,
무덤에 묻히시고, 다시 살아나셔서
이제 우리의 중심에 들어오시고,
우리의 마음과 생각에 말씀하시며,
우리를 열어 당신의 사랑을 향하게 하시고,
가르치시며,
온전히 그 사랑을 신뢰하고
오직 그 사랑으로부터만 살게 하시는 것 외에
이러한 일이 달리 어떻게 일어날 수 있겠습니까?

그러므로 모든 겸손과 확신 가운데
이러한 일들이 성령의 능력으로
일어나기를 간구합니다.
아멘.

십자가를 마주하며 드리는 기도

주님, 자비롭고 전능하신 아버지,
당신은 이 형편 없는 세상을 지극히 사랑하셔서
당신의 사랑하시는 아들이
이 세상과 우리 모두를 자유롭게 하기 위한
놀라운 길을 걷게 하셨습니다.
이것이 주님께 옳은 길이며 다른 길은 없습니다.
우리에게도 마찬가지입니다.
당신의 아들을 통해서만,
당신의 아들과의 연합을 통해서만
우리는 자유를 얻을 수 있습니다.
가장 깊은 심연을 통과해야만
가장 높은 곳에 이를 수 있습니다.
고난을 통해서만 기쁨을 얻을 수 있습니다.
죽음을 통해서만 생명을 누릴 수 있습니다.
이것이 참으로 사실이라면,
이를 당신의 선하고도 참된 질서로
기꺼이 받아들이게 하소서.

여기 이곳에서, 온 세계 어디든
당신의 죽음을 기억하는 곳에서,
아울러 그 죽음을 전혀 기억하지 않거나
합당하게 기억하지 않는 곳에서도,
예수와 더불어, 그리고 우리와 더불어
당신을 따르는 작은 무리가 있습니다.
당신의 길을 받아들이고
당신의 질서 가운데 평화를 발견하는
이들을 항상 도우소서.
우리는 보지도 알지도 못하지만,
당신은 온전히 당신께 나아가는 이들을
찾아 만나 주십니다.

이러한 확신 가운데
육체적으로나 정신적으로 고통받는 이들,
가난하고 슬퍼하는 이들,
이런저런 허물을 지닌 이들,
혼란에 빠진 이들을 기억합니다.
이러한 확신 가운데 간구하오니,

지혜의 영이 교회와 국가의

책임 있는 역할을 맡은 모든 이들과 함께해

그들이 합당하게 토론하고 조언하며,

결정하고 판결하며 지시 내릴 수 있게 하소서.

노동자들과 고용주들, 교사들과 학생들,

저술가들과 언론인들,

그리고 그들의 글을 읽는 이들과도 함께하소서.

그들 모두 당신의 십자가를 마주하며 드리는

우리의 기도가 필요한 이들입니다.

또 우리에게는 모두 그 십자가를 마주하며 드리는

서로를 위한 기도가 필요합니다.

당신은 우리가 드리는

모든 신실한 기도를 들으십니다.

당신은 거룩하시고 자비로우시기에

우리는 이 사실을 붙들 수 있습니다.

살아계신 예수,

우리가 그분과 더불어 살 수 있음에 감사드립니다.

그 표지로서, 우리가 함께 성찬을 나눌 수 있음에

감사드립니다.

아멘.

우리는 보지도 알지도 못하지만,
당신께서는 온전히 당신께 나아가는 이들을
찾아 만나 주십니다.

부활절

당신은 생명이십니다

주님,

여기 당신 앞에 모여

함께 부활을 기념하고자 합니다.

당신의 사랑하시는 아들 우리 주 예수 그리스도께서는

우리의 모든 죄악과 더불어

모든 불행과 죽음까지 책임지고,

우리를 대신해 대가를 치르고 고통받으셔서

영원히 그것들을 모두 정복하고 처리하셨습니다.

그렇게 이날 당신은 그분이

살아계신 구원자이심을 드러내셨습니다.

우리는 우리의 처지를 잘 알고 있습니다.

그리고 당신은 이를 더 잘 알고 계십니다.

당신은 우리가 우리의 길에서 벗어나

세상과 우리 모두를 위한 일을 행하신

당신을 바라볼 수 있는 자유를 허락하셨습니다.

이곳에 나와 당신께 감사를 드립니다.

이제 우리가 똑똑히 말하고 듣게 하셔서,
당신의 참된 말씀이
이 시간 우리를 다스리고
감동하게 하며 채우게 하소서.
그 말씀이 우리 모두에게 위로와 용기,
훈계가 되게 하소서.
우리의 보잘것없는 찬양까지도
당신의 마음에 합하게 하소서.

이 사건이 우리에게게만이 아니라
이 도시와 나라 곳곳에,
사람들이 모여 부활과 생명의 약속을 듣고 붙잡는
모든 곳에서 일어나게 하소서.
당신의 백성에게
당신의 은총 어린 눈길이 깃들게 하소서.
아멘.

밝게 빛나는 화해의 빛

당신의 아들 예수 그리스도를 통하여,
성령의 능력 안에서 우리의 아버지 되신 주님,
우리 눈을 밝히시어 당신의 빛,
밝게 빛나는 화해의 빛을 보게 하소서.
날이 밝을 동안에도 너무도 많은 이가
빛을 보지 못하는 질병에 걸려 있습니다.
이 질병에서 우리를, 또 부활을 참되게
혹은 그렇지 못하게 기념하는 모든 그리스도인을,
가까이에서 또 멀리서 거듭거듭
새로운 혼란과 위험에 빠져드는 온 인류를
자유롭게 하소서.

이 교회, 그리고 지금 우리와 떨어져 있는
다른 교회와 공동체들 가운데
이루어지는 일들을 축복하셔서,
이 일들이 당신의 이름과 당신의 나라,
당신 뜻의 증거가 되게 하소서.

이곳과 온 세계의 국가 권력자들,
정부 기관들과 사법 기관들의
모든 성실한 수고를 다스려 주소서.
자라나는 세대를 위한 중요한 역할을
기억하는 교사들에게,
여론에 영향을 미치는 무거운 책임을 자각하고
기사를 작성하는 언론인들에게,
돌보는 이들의 필요 앞에서
충실하게 주의를 기울이는 의료인들에게
힘을 주소서.
외롭고 가난하며 병들고 길 잃은 이들에게
못다 한 우리의 책임을
당신의 위로와 조언,
당신의 도움으로 채워 주소서.
당신의 자비가 이곳에 모인 모든 이들과
가족 친지 위에
뚜렷하고도 힘있게 드러나게 하소서.

우리 자신을, 우리에게 부족한 모든 것들을,

세상에 필요한 모든 것들을

당신의 손에 맡겨 드립니다.

우리는 당신을 소망합니다.

우리는 당신을 신뢰합니다.

당신은 당신의 백성들이 당신을 부를 때마다

그들을 수치 가운데 두지 않으십니다.

당신이 시작하신 일을 당신은 완성하실 것입니다.

아멘.

모든 어둠을 영원히 몰아낼 빛

주 우리 아버지, 당신은 어둠 없는 빛이십니다.
그런 당신이 이제 더는 꺼지지 않는 빛,
모든 어둠을 영원히 몰아낼 빛을
우리에게 밝히셨습니다.
당신은 차가움 없는 사랑이십니다.
그런 당신이 이제 우리를 사랑하시고 해방하셔서
당신과 우리, 그리고 우리가 서로
사랑하게 하셨습니다.
당신은 죽음을 이기시는 생명이십니다.
그런 당신은 이제 그 영원한 생명을 향한 통로를
우리에게도 열어주셨습니다.
예수 그리스도, 당신의 아들,
우리의 형제 되신 그분을 통해
당신은 이 모든 일을 하셨습니다.

우리 중 누구도 이러한 당신의 선물과 계시 앞에
둔감하고 무관심한 채로 있지 않게 하소서.

부활의 아침,
우리가 당신의 풍성한 선하심의
지극한 일부라도 알아볼 수 있게 하시고,
그것이 우리 마음과 생각에 들어와
우리를 깨우치고, 일으키며,
위로하고, 훈계하게 하소서.

우리는 모두 초라한,
그저 보잘것없는 그리스도인일 뿐입니다.
그러나 당신의 은총은 우리에게 넉넉합니다.
그러니 우리를 깨우셔서
우리가 작은 기쁨과 감사를 누리게 하소서.
우리가 자아내고자 하는
수줍은 믿음을 얻게 하소서.
우리가 부인하고 싶지만 불완전할 수밖에 없는
순종을 하게 하소서.
그로 말미암아 당신이
우리 주 예수 그리스도의 죽음 안에서
우리 모두를 위해 예비하셨고

그분의 부활을 통해 약속하신

위대함과 온전함, 완전함의 소망을 향하게 하소서.

이를 위한 이 시간이 그렇게 되기를

당신께 간구합니다.

아멘.

영원 전부터, 지금도, 또한 미래도 당신은

한 분뿐이신 우리 주님,

당신의 선하심은 빼어나며

행하신 모든 일은 거룩하고 영광스럽습니다.

당신의 크고 무한한 자비로

살아가기를 원한다는 고백밖에는

당신께 달리 드릴 것이 없습니다.

그런 마음으로 다시금 당신 앞에 나아갑니다.

우리를 불러 주시고 용기를 주셔서

이를 행하도록 하신 당신께 감사드립니다.

당신은 우리를 잊지 않으십니다.

그러니 우리가 당신을 잊지 않게 하소서.

당신은 지치지 않으십니다.

그러니 우리도 피곤치 않게 하소서.

당신은 우리 모두를 위해

참되고 유익한 것을 바라시고 선택하십니다.

그러니 우리가 마음대로 바라고

선택하지 않게 하소서.

다른 많은 이가 구하고 있는
그들의 소원과 물음, 필요를
여기 당신 앞에 가져오기 원합니다.
우리 공동체의 일원이든 아니든
갇혀 있는 모든 이들을 기억해 주소서.
도처에 사는 가족과 친지들을 기억해 주소서.
육체적으로나 정신적으로 고통을 겪는 모든 이들,
도움이 필요한 모든 이들,
특별히 친구도, 도와줄 사람조차 없는 이들을
위로하시고 회복시켜 주소서.
난민들과 억압받는 이들과
세계 도처에서 불의로 고난당하는
모든 이들을 도우소서.
가르치는 일을 맡은 이들을 가르치시고,
다스리는 일을 맡고 그 일로 부름받은 이들을
다스리소서.

가톨릭 교회와 개신교회를 포함한 모든 교회에

당신의 복음을 기뻐하고

당신의 복음을 전할 수 있는 용기를 지닌

증인들이 생겨나게 하소서.

선교사들과 그들이 섬기는

새로운 공동체들과 동행하시어

그들을 일깨워 주소서.

당신을 소망하는 모든 이들이 낮 동안 일하게 하시고,

당신을 아직 혹은 제대로 알지 못하는 이들의

정직한 수고에 선한 열매로 응답하게 하소서.

당신은 마음이 올바른 사람의 간구를

듣는 분이십니다.

그러니 우리의 간구가 당신께 전달되도록

우리를 올바르게 하소서.

당신은 영원 전부터 주님이시며,

지금도 또한 미래에도 주님이십니다.

당신께 터를 두고 당신을 신뢰할 수 있음에

우리는 기뻐합니다.

아멘.

승천일

주여, 우리를 깨우셔서 우리가 깨어나게 하소서.

우리뿐 아니라 그들에게도 빛을

당신의 아들, 우리의 형제 되신 그분을 통해
우리의 아버지 되신 주님,

당신은 우리에게 외치십니다.
"돌아오라, 사람의 아들들이여,
 마음을 들어라. 위의 것을 찾아라."
그렇게 당신은 우리를
이 아침에 한데 불러 모으셨습니다.
여기 우리가 모였습니다.
우리 한 사람 한 사람이
자신의 삶이 아니라 당신께 속한,
온전히 당신의 손안에 있는 삶을 가지고,
당신에게서만 용서받을 수 있는
크고 작은 죄를 가지고,
오직 당신만이 기쁨으로 바꾸실 수 있는
슬픔을 가지고 나왔습니다.

또한 우리 한 사람 한 사람에게는
나름의 고요한 소망도 있습니다.
곧 당신이 당신 자신을
전능하시고 선하시고 은혜로우신 주님으로
드러내 보이시리라는 소망입니다.

당신을 기쁘게 하며 당신께 영광을 돌릴
단 한 가지 길을 우리는 알고 있습니다.
진실하게 당신의 영을 구하고,
진실하게 당신의 진리를 찾으며,
진실하게 당신의 임재와 인도하심을
갈망하는 것입니다.
그러나 이마저도 오직 당신만이
우리 안에서 이루실 수 있는 일임을
우리는 알고 있습니다.
주여, 우리를 깨우셔서 우리가 깨어나게 하소서.

그리하여 이 시간 모든 일,
우리가 기도하고 노래하며 말하고 듣는 일과
성찬이 온전히 이루어지게 하소서.

오늘 우리 주 예수 그리스도의 승천을

함께 기념하는 모든 이들에게 이 은총을 허락하소서.

병상에 누운 이들에게도,

혼란을 겪고 있는 이들에게도,

자신들 역시 갇혀 있고,

병들었으며 혼란을 겪고 있음에도

아직 깨닫지 못한 무수한 이들,

당신이 그들의 위로이자 확신이며 구원자이심을

아직 들어보지 못했을 이들에게도 은총을 허락하소서.

우리 주 예수 그리스도를 통하여

우리뿐 아니라 그들에게도 빛이 비치게 하소서.

아멘.

믿고 소망하며 사랑하게 하소서

당신의 아들, 우리의 형제 예수 그리스도 안에서
아버지 되신 주님,
이 시간 선포되고 들리는 것이야말로
우리가 말하고자 했던 것이었습니다.
우리가 듣고자 했던 것이었습니다.
당신께 감사드립니다.
우리가 당신 말씀의 빛에
너무도 자주 눈과 귀가 가리어지니
부끄러울 따름입니다.
우리 삶의 결과로 생겨난 그 모든 잘못에
송구할 뿐입니다.
당신 없이 우리는 늘 길을 잃게 됨을 잘 알고 있기에
당신께 간구합니다.
당신의 성령을 통하여 우리를 만지시기를,
우리를 깨우시기를,
우리를 깨어 있게, 겸손하게,
용감하게 하시기를 그치지 마소서.

우리 자신만을 위해서가 아니라

다른 이들을 위해서도 이 기도를 드립니다.

이곳에 모인 모든 이들,

전 세계에 갇혀 있는 모든 이들,

육체적으로나 정신적으로 고통받으며 병든 모든 이들,

가진 것 없는 이들과 난민들,

우리는 알지 못하나 당신은 아시는

슬픔과 곤경을 겪는 모든 이들을 위해 간구합니다.

가족 친지들, 부모들과 교사들, 아이들,

이 국가와 정부와 법원에서

책임 있는 자리에 있는 이들을 위해,

그리고 설교자들과 당신의 복음을 전하는

이들을 위해 이 기도 드립니다.

우리 모두를 도우셔서

모두가 마땅히 품어야 할 것을 품게 하시고,

옳은 것을 생각하고 말하며 행하고,

무엇보다도 당신이 우리에게 주실 능력 안에서

서로 함께 믿고 소망하며 사랑하게 하소서.

아멘.

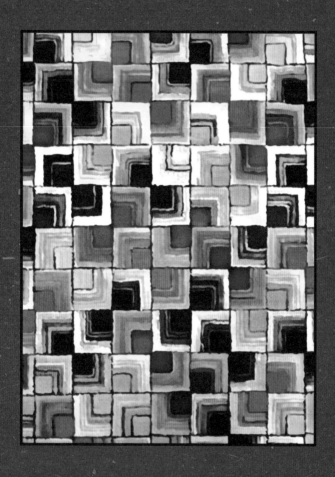

당신께 간구합니다.
당신의 성령을 통하여 우리를 만지시기를,
우리를 깨우시기를.

성령강림절

당신의 영을 주소서

주님,
당신의 위엄을 경배합니다.
우리의 자격 없음을 인정하며,
그럼에도 당신은
우리 육체와 영에 끊임없이
좋은 선물을 주심에 감사하며,
당신 앞으로 나아갑니다.
오늘은 성령강림절입니다.
우리 주 예수 그리스도께서 당신께로 되돌아가신 후
영광 가운데 다시 오실 때까지
위로자이자 교사인 성령은
우리를 고아처럼 버려두지 않고
우리에게 생명을 주십니다.
이를 통해 우리는 당신이
우리와 함께 있기를 원하셨음을
기억할 수 있습니다.
이 모든 일에 감사드립니다.

당신이 베푸신 이 선한 일 가운데
당신을 합당하게 인정하고 합당하게 찬양하도록
우리를 도우소서.
당신의 말씀이 여기 이곳과
당신을 부르는 모든 곳에서
합당하게 선포되고 들려지게 하소서.
이제 우리가 함께 행하고자 하는 성찬을
거룩하게 하시고 축복하소서.
당신의 빛이 우리를 비추기를,
당신의 평화가 우리 가운데 머물기를 원합니다.
아멘.

작지만 커다란 걸음을 허락하소서

하늘에 계신 주님,
이제 우리에게 당신의 성령을 주시되
끊임없이 내려 주셔서
우리가 자기 위안에서 벗어나
당신을 향한 소망으로 들어가게 하소서.
이 걸음은 작지만 오히려 그렇기에
커다란 걸음입니다.
이를 과감히 내딛도록
우리에게 일으켜 주소서.
우리를 깨우쳐 주소서.
우리에게 용기를 주소서.
우리를 우리 자신으로부터 돌이켜
당신을 향하게 하소서.
우리를 당신에게서 숨도록 두지 마소서.
당신 없이 무언가를 하도록 내버려 두지 마소서.

당신이 얼마나 영광스러우시며,
당신을 신뢰하고 순종하는 것이
얼마나 영광스러운 일인지
우리에게 보여 주소서.

모든 이들을 위하여 같은 기도를 드립니다.
모든 민족과 정부가 당신의 말씀에 머리를 조아리며,
이를 통해 그들이 기꺼이 이 땅에
정의와 평화를 일굴 수 있게 하소서.
말과 행실 모두를 통해 당신의 말씀이
가난한 모든 이들, 병약한 모든 이들,
갇힌 모든 이들, 슬퍼하는 모든 이들,
억압받는 모든 이들, 믿지 않는 모든 이들에게
알려지게 하시고,
그들이 이 말씀을
자신들의 탄식과 울부짖음을 향한 응답으로
듣고, 이해하며, 마음에 새기게 하소서.

모든 그리스도교 교회와 신앙을 고백하는 모든 이들이

말씀을 새롭게 깨닫고,

새로워진 신실함으로 이 말씀을 섬길 수 있게 하소서.

말씀의 진리가 지금 여기,

모든 인간의 잘못과 혼란이 있는

이곳 가운데 밝게 임하여

그 진리가 궁극적으로 온 인류와 만물을

밝히는 그날까지 비치게 하소서.

당신의 아들 예수 그리스도를 통해

우리를 자유롭게 하신 당신을 찬양합니다.

이를 고백하며 이 고백 위에 서서 당신을 소망합니다.

아멘.

삼위일체주일

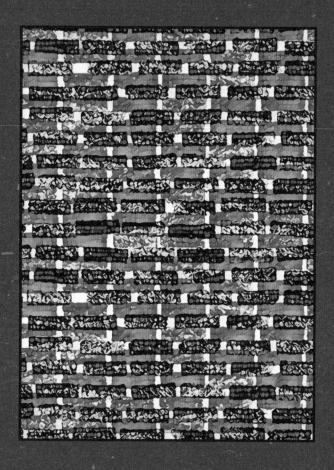

당신으로부터 우리를,
또한 다른 이들과 우리를 갈라놓는
모든 벽을 친히 무너뜨려 주소서.

모든 벽을 무너뜨려 주소서

위대하고 거룩하고 자비로우신 주님,

당신이 온 세상을 지으셨으니.

만물은 당신께 속해 있으며,

당신의 선한 뜻 아래 있습니다.

마찬가지로 온 인류는,

또한 우리는 당신의 것입니다.

당신은 우리가 당신께 영광을 드리며

시간과 능력을 의미 있게 사용하고,

당신의 자녀로서 서로 화목하도록 하셨습니다.

이를 기억하기 위해 우리가

이 주일 아침 여기에 모였습니다.

우리에게 모순과 반항, 무감각과 무례함,

자만이 넘치고 있음을

우리가 알며 마음에 새깁니다.

우리를 용서하시고

우리가 받아 마땅한 만큼의 벌을

우리에게 지우지 마소서.

당신으로부터 우리를,
또한 다른 이들과 우리를 갈라놓는
모든 벽을 친히 무너뜨려 주소서.

이 일을 이 시간에도 행하여 주소서.
지금 우리가 말하고 이해하는 가운데
아무 거짓된 것이 없게 하소서.
우리의 보잘것없는 기도와 노래를
인내로 받아 주소서.
우리는 서투르기가 그지없어서
당신의 천사들처럼 온전히 기도하지 못하고
온전히 노래하지 못합니다.
그럼에도 우리와 함께하시고 은총을 베푸소서.
아울러 이 주일에 당신의 백성들이 모인 곳에
같은 은총을 베푸소서.
우리가 당신의 사랑하시는 아들
우리 주 예수의 이름으로,
그분의 말씀으로 당신을 부르며 기도합니다.

하늘에 계신 우리 아버지,

그 이름을 거룩하게 하여 주시며,

그 나라를 오게 하여 주시며,

그 뜻을 하늘에서 이루심 같이

땅에서도 이루어 주소서.

오늘 우리에게 필요한 양식을 내려 주시고,

우리가 우리에게 죄지은 사람을 용서하여 준 것 같이

우리의 죄를 용서하여 주시고,

우리를 시험에 들지 않게 하시고,

악에서 구하여 주소서.

나라와 권세와 영광은 영원히 아버지의 것입니다.

아멘.

성령을 기억하며

주 우리 아버지,
당신이 우리를 위해 하신 모든 일에
이전보다 더 감사드립니다.
당신은 우리를 향한 지극한 사랑으로
우리를 위한 계획을 세우셨고
당신의 아들 예수 그리스도를 통해
이를 이루셨습니다.
우리가 이를 더 잘 알고
더 기쁘게 누릴 수 있게 하소서.
모든 악한 것에서 끊임없이 흘러나오는
모든 염려를 내려놓게 하소서.
성령께서는 그것을 거부하시며,
성령을 통해 우리가 당신을 찬양하고
악의 없이 서로를 사랑할 수 있는
자유를 얻었기 때문입니다.

이제 당신 앞에서 여기 우리와

함께 있지 못한 이들을 기억하며

그들을 우리의 기도에 담기 원합니다.

모든 가난하고 병들고 갇힌 이들,

여러 모양으로 시험에 빠진 이들이 있습니다.

그리스도인 공동체들,

여기 우리와 함께 있는 공동체들,

그뿐 아니라 특별히 먼 곳에서

자신들과 또 우리의 믿음을 위해

고난당하며 싸워야 하는 공동체들을 기억합니다.

우리나라의 모든 국민과 정부 지도자,

다른 나라, 특별히 전쟁 중인 나라의 국민,

그리고 자신들이 마땅히 짊어져야 할

모든 책임을 맡은 그 나라의 정부 지도자들,

아울러 당신의 말씀을 기다리고 있는

비그리스도인들을 기억합니다.

그리고 당신의 백성 이스라엘을 기억하며,
그들도 자신들의 왕을 알아보게 될 것을
또한 소망합니다.

불안한 혼란과 허약함으로
우리의 마음을 무겁게 짓누를 그 모든 일이
당신의 성령 안에서
신중하게 또 부드럽게
질서를 잡을 수 있음을 믿습니다.
성령은 모든 악한 영들보다 강하십니다.
아멘.

당신의 기쁨이 되는 백성이 되게 하소서

우리의 아버지이신 주님,

당신의 백성, 당신의 공동체인 우리가

여기 당신 앞에 모였습니다.

우리는 당신께 합당한 영광이 되지 못하는 백성이며,

우리는 그리고 우리 한 사람 한 사람은

끊임없이 당신에게서 벗어나

당신의 법으로 책망받을 수 있음을 잘 알고 있습니다.

그러나 당신은 큰 자비로 우리를 부르셨으며,

그로 인해 우리는 우리의 능력이 어떠하든

당신에게 나아와 기도하며,

감사하고, 찬양할 수 있습니다.

이 시간 우리 가운데 함께하소서.

우리의 말함과 들음 가운데 모든 거짓된 것,

잘못되고 위험한 것, 모든 산만한 것,

모든 오해와 지루함을 제거해 주소서.

우리 입과 귀를 열어주시고

또한 우리를 일깨우시고 힘을 주셔서

우리가 헛되이 말하고 듣는 자 되지 않고,

오직 예수 그리스도, 당신이 보내신 그분 안에서

당신의 말씀을 행할 수 있게 하소서.

당신의 기쁨이 되는 백성이 되게 하소서.

아멘.

우리를 위해, 우리와 맞서 싸워 주소서

주님,
당신 앞에 다시 나와 마음 다해 기도드리니
우리를 받아 주시고,
우리가 당신 안에서 안식을 누릴 때까지
안식을 누리지 못하게 하시며,
당신의 평화가 우리의 마음과 생각과 말에,
우리의 존재와 다른 이들과의 관계 속에 들어와
합당하게 자리하기까지
우리를 위해, 우리와 맞서 싸워 주소서.
당신 없이 우리는 아무것도 할 수 없으나,
당신과 더불어 또 당신의 도우심으로
우리는 모든 것을 할 수 있습니다.

이 예배당 곳곳에,
또한 이 도시 전체와 여기에 사는 모든 이들,
특별히 오늘 도처에서 모인
당신의 공동체 안에 함께하시고

당신의 뜻을 행하소서.

모든 병들고 죽어가는 이,

모든 가난하고 억압받고 길을 잃은 이들을 도우소서.

또한 우리와 강대국들을 지배하고, 여론을 만들며,

권력을 손에 쥔 이들과도 함께해 주소서.

미움이 들끓는 곳에 넘치는 사랑이,

몰상식이 판치는 곳에 넉넉한 분별력이,

허다한 불의에 맞서 정의가,

그저 몇 방울이 아니라 정의의 강물이,

당신으로부터 흐르게 하소서.

당신은 우리에게 또한 이 세계에

어떤 일이 당신의 영광을 위해

궁극적으로 일어나야 할지를

우리보다 더 잘 아십니다.

그리하여 우리는 모든 것을 당신의 손에 맡깁니다.

그러므로 우리는 우리 각자의

삶의 자리와 삶의 방식 속에서

확신을 가지고, 조용하나 분명하게

당신을 소망하기를 바랍니다.

아멘.

당신께 의지하여 당신을 기다리며

주님,

당신은 인간이, 그리고 오늘 여기 모인 우리가

위로하며 훈계하는 당신의 말씀을 듣고,

당신을 부르며, 당신을 찬양하기를 원하십니다.

이와 같은 당신의 인자하심을

우리는 감당할 수 없습니다.

어떻게 우리가 당신 앞에 서며

또 당신을 위할 수 있겠습니까?

그러나 당신은 우리를 부르시고

우리는 당신의 부름을 듣습니다.

우리는 모든 약함과 어둠, 반항 가운데 있는

당신의 피조물입니다.

당신이 사랑하시는,

그럼에도 불구하고 당신을 제대로 사랑하지 못하는

당신의 자녀입니다.

그럼에도 불구하고 당신은 우리와 함께 계십니다.

우리와 함께 무언가를 시작하길 바라십니다.

여기, 그런 역설 가운데
당신을 따르고자 하는
당신의 공동체가 모였습니다.
이곳과 세계 곳곳에
그런 당신의 백성들이 있습니다.

이제 우리는 전적으로 당신께 의지하여
당신을, 당신의 선하신 성령과
성령이 주는 선물을 기다립니다.
이 시간을 밝히셔서,
당신께는 기쁨이,
우리에게는 도움과 유익이 되게 하소서.
우리의 미약한 기도와 말과 노래 속에
당신의 힘과 진리가 머물게 해주시고
당신으로 말미암아 우리가 우리에게서 벗어나
우리의 본래 마음으로 돌아가게 하소서.
이제 이 시간 다른 무엇보다 당신이
우리의 지배자, 우리의 스승,
강하고 선한 주님이 되어 주시길 빕니다.

당신의 사랑하시는 아들,

그 안에서 당신이 우리에게

아낌없는 은총을 보이신,

또한 계속해서 드러내기 원하시는 그분의 이름으로,

그분께서 우리에게 가르쳐 주신 바를 따라

당신께 기도드립니다.

하늘에 계신 우리 아버지,

그 이름을 거룩하게 하여 주시며,

그 나라를 오게 하여 주시며,

그 뜻을 하늘에서 이루심 같이

땅에서도 이루어 주소서.

오늘 우리에게 필요한 양식을 내려 주시고,

우리가 우리에게 죄지은 사람을 용서하여 준 것 같이

우리의 죄를 용서하여 주시고,

우리를 시험에 들지 않게 하시고,

악에서 구하여 주소서.

나라와 권세와 영광은 영원히 아버지의 것입니다.

아멘.

모두가 보게 하소서

당신의 아들,

우리의 형제이자 주 되시는

예수 그리스도 안에 계신 아버지,

당신이 우리를 여기 모아 주셨습니다.

우리와 함께 계시고,

우리가 다시 헤어질 때

우리 각 사람의 삶의 자리에

동행하여 주소서.

우리 중 누구도 놓지 마소서.

우리 중 누구도 주저앉거나 길을 잃지 않게 하소서.

무엇보다도 우리 중 누구도 당신을 잊고

당신 생각하기를 멈추는 일이 없게 하소서.

도처에 있는 가족 친지들, 친구들,

심지어 원수들까지도

일깨우시고 위로하시며 강건하게 하소서.

세계 도처에 있는 그리스도교 공동체들에 속한 이들,

동서방 양 진영에서 자문하고 조언하며

다스리고 결정하는 책임을 맡은 이들,

이곳저곳에서 모욕당하고 억압받는 이들,

가난하고 병들고 노쇠한 모든 이들,

의욕을 잃은 모든 이들,

낙심하고 혼란스러운 모든 이들,

정의와 자유와 평화를 갈망하는 온 세계의 사람들,

이들의 염려와 필요, 어려운 상황을

우리가 아는 것과 모르는 것까지

당신 앞에 내어놓습니다.

우리가 당신의 전능한 은총,

모든 불의와 곤궁을 영원히 끝장내

정의가 살아 숨 쉴 새 하늘과 새 땅을 만드는

은총의 손안에 있음을

우리가, 많은 사람이, 모두가 보게 하소서.

성부와 성자와 성령께,

태초에 계셨고 지금도 계시며 영원히 계실

당신께 영광을 돌립니다.

아멘.

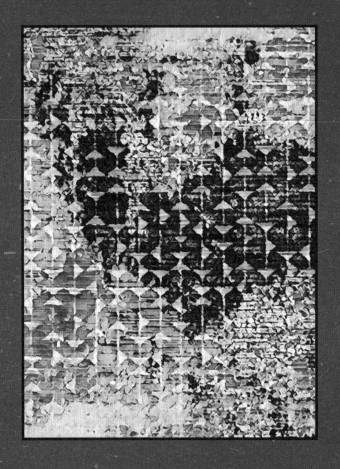

성부와 성자와 성령께,
태초에 계셨고 지금도 계시며 영원히 계실 당신께
영광을 돌립니다.

일상에서
드리는 기도

새날을 열어주소서

거룩하고 자비로우신 주님,
우리에게 오늘을 온전히 경험하게 하시고
우리를 여기 모아 주시어
당신의 말씀으로 위로와 훈계를 주시니
그 인자하심이 참으로 큽니다.

당신 앞에 있는 우리는 어떻습니까?
우리의 생각과 말과 행동은
자만과 무정함과 거짓으로 가득 차 있습니다.
그로 인해 이곳과 도처에는 무수한 잘못과 혼란이,
무수한 고통과 빈곤이 있습니다.

그러나 이 모든 것을 넘어
자애로운 당신의 마음은 우리에게 열려 있으며,
당신의 손길은 여전히 강하게
우리를 붙들고 있습니다.

그렇게 당신은 우리를 인도하시며
자유롭게 해주십니다.
당신은 우리 중 누구도 잊으시거나
거절하지 않으십니다.
당신은 우리 모두의 곁에 계십니다.
당신은 우리 모두를 부르십니다.

우리가 이를 이 순간에도 확인하게 하소서.
여기서 우리가 기도하고 노래하며 말하고 듣는 가운데
우리를 굽어살펴 주시고,
예수 그리스도를 통해
그 일들이 헛되지 않게 해주소서.
그 일들이 당신께 영광을 돌리고,
우리를 깨우고 밝히어, 우리를 거듭나게 하소서.
아멘.

모든 것을 당신 앞에 내어놓습니다

주님,

당신의 영광은 상상할 수 없이 큽니다.

그렇기에 우리는 당신을

'우리의' 창조자, '우리의' 아버지,

'우리의' 구원자라고 부릅니다.

당신은 우리 모두를 알고 사랑하시며

또한 우리가 당신을 알고 사랑하기를 원하십니다.

당신은 우리의 모든 걸음을 보시며 지도하십니다.

그렇기에 우리가 모두 당신에게서 와서

당신께 돌아갈 수 있습니다.

이제 우리는 모든 것을 당신 앞에 내어놓습니다.

당신이 우리의 염려들을 염려해 주시고,

우리의 두려움을 잠잠케 해주소서.

우리의 소망과 바람을 우리의 뜻이 아니라

당신의 선한 뜻대로 이루어 주시고,

우리의 죄악을 용서해 주소서.

우리의 생각과 갈망을 깨끗하게 하시고,

우리의 이생의 모든 삶을,

육체의 부활과 영원한 생명으로 이끌어 주소서.

여기 모인 모든 이들뿐만 아니라

온 지구상의 갇혀 있는 이들을

당신 앞에서 기억합니다.

가족 친지들,

가난하고 병들고 곤경에 빠져

슬퍼하는 모든 이들과 함께하소서.

우리나라와 모든 나라에서

정의와 질서, 평화의 책임을 맡은 이들의

생각을 일깨우시고

그들의 행위를 다스리소서.

우리 주 예수 그리스도를 통해 새날을 열어주소서.

아멘.

우리가 당신의 기쁨이 되게 하소서

하늘에 계신 아버지,

당신은 이 세상과 우리 모두를,

우리 한 사람 한 사람을 홀로 버려두지 않으십니다.

당신은 당신을 거부하고 떠나

길을 잃어버린 우리를 되찾으시려고

당신의 사랑하시는 아들

예수 그리스도를 통해 화해를 이루시고,

우리를 향한 길을 내시며,

우리에게 소망을 주셨습니다.

그렇기에 우리를 되찾으셨습니다.

이제 당신은 우리에게 주일을 선물해 주셨습니다.

이제 우리는 당신의 공동체로서

다 함께 당신을 부르고,

다 함께 당신의 말씀을 들으며,

다 함께 당신을 찬양하고자 합니다.

우리의 죄를 보지 마시고 당신의 은총을 보소서.

당신의 영을 주셔서

우리가 당신의 기쁨이 되게 하소서.

우리의 마음이 당신을 향해 기도하게 하시고,

우리의 입이 기쁨으로 당신을 찬양케 하소서.

특별히 지금 해야 할 말을 하게 하시고

들어야 할 말을 듣게 하시고,

그리하여 당신이 우리에게 말씀하시는 것이

온전히 우리에게 전달되게 하소서.

이 모든 말씀을 우리 주 예수 그리스도를 통해

기도드립니다.

아멘.

우리는 당신의 손안에 있습니다

성부와 성자와 성령이신 주님,

이제 우리 한 사람 한 사람이 각자의 삶의 자리로,

우리 각자의 특별한 경험과 관심,

염려와 기대 속으로 돌아갈 때,

주일의 남은 시간과 우리 앞에 놓인

한 주 가운데로 나아갈 때,

우리와 함께하는 당신의

인자하고도 엄격한 말씀을 잃지 않게 하소서.

이곳에 임하셔서,

이곳에 있는 모든 이들과 함께하소서.

모든 악한 영을 막아 주소서.

우리가 당해낼 수 없을 때가 너무도 많습니다.

우리 안에 임한 빛을 지켜 주소서.

이 빛이 우리에게서 사그라질 때가 너무도 많습니다.

오늘 이곳과 다른 곳에서

당신의 이름으로 모인 모든 이들을 위해,

용기 있고 분명하며 기쁨 넘치는
그리스도의 증인들이 필요한 이 세계를 위해
같은 기도를 드립니다.
특별히 가족과 친지를 위해
당신의 신실함을 간절히 구합니다.
또한 이 지구상의 권력자들,
당신께로부터 정의와 평화를 돌보도록
위임받은 이들에게 지혜를 주소서.
날마다 기사를 작성하는 언론인들에게
치우치지 않는 냉철함을 주소서.
모든 부모와 교사에게 사랑과 일관성을 주소서.
모든 가정에 화목함을 주시고,
가난한 이들과 버림받은 이들에게는
열린 형제의 가슴과 손길을 주소서.
병든 이들에게는 그 고통을 덜어주시고
참을 힘을 주시며,
죽어가는 이들에게는 영원한 생명의 소망을 주소서.

이 모든 기도를 당신 앞에 내어놓습니다.

당신은 우리에게 필요한 것이 무엇인지,

당신의 연약한 교회와

가련하고 혼란스러운 세계를 위해

가장 도움이 되는 것이 무엇인지

우리보다 훨씬 잘 알고 계십니다.

당신은 우리가 구하고 생각하는 것을 훨씬 뛰어넘어

우리를 도우실 수 있습니다.

그러한 당신 앞에 이 기도를

내어놓을 수 있음에 감사합니다.

우리는 당신의 손안에 있습니다.

당신의 판단 아래 엎드리며

당신의 은총을 찬미합니다.

아멘.

우리의 일 가운데

하늘에 계신 아버지,

이 주일, 당신께 감사드립니다.

당신은 주일을 통해

우리에게 일을 멈추고 쉬도록 하시고,

당신은 우리에게 말씀하시며

우리 안에서 일하십니다.

당신의 살아있는 말씀인

우리 주 예수 그리스도를 통해

당신은 우리를 이 자리에 모으셨습니다.

그러니 우리와 함께하시고,

당신 아들의 영으로 우리를 인도하셔서

같은 영으로 우리가 당신께 나아가게 하소서.

우리 스스로는 그와 한 몸인

공동체를 이룰 수 없습니다.

오직 당신만이 하실 수 있습니다.

이를 위해 기도하고 노래하며 말하고 듣는

모든 우리의 행위를

거룩하게 하시고, 밝혀 주시며, 축복해 주소서.

이를 위해 지금 우리의 중심에서

우리를 다스려 주소서.

아멘.

말씀에 기대어 살게 하소서

주님,

당신이 만물을 아름답게 지으셨기에,

당신이 우리의 모든 죄를 용서하셨기에,

당신이 은총과 자비로

그날에 우리에게 관을 씌워주실 것이기에

우리가 기뻐할 수 있습니다.

이를 우리에게 약속하시고 또 가르쳐 주셨습니다.

그러니 이 말씀에 기대어 살게 하소서.

우리에겐 다른 위로가 없습니다.

당신의 말씀이 우리의 영원한 위로입니다.

우리를 가르쳐 주셔서

우리가 더욱 말씀으로만 만족하게 하소서.

당신이 여기와 다른 모든 곳에 있는

당신의 교회와 함께하시기를 간구합니다.

특별히 유혹과 박해, 억압에 처한 교회와

세계 곳곳에서 고난받는

당신의 백성을 위해 간구합니다.
우리나라와 이 도시,
온 세계의 권력자들을 위해서도 간구합니다.
당신이 그들에게 지혜와 인내,
용기 있는 생각을 주셔서
정의와 평화, 자유와 신뢰가 회복될 수 있게 하소서.

우리의 대학과 거기서 가르치고
배우는 이들을 위해서도 간구합니다.
당신을 경외하는 것이 지혜의 근본입니다.
여기에 당신은 불을 밝히고자 하셨습니다.
우리의 공로가 아니라
당신의 자비로 오래도록 밝혀오신
그 빛을 거두지 마소서.

일용할 양식을 위해
고단한 싸움을 하는 이들을 위해 간구합니다.
젊은이들과 아프고 죽어가는 모든 이들,
길을 잃고 갇혀 있는 모든 이들,
염려하고 슬퍼하는 모든 이들을 위해 간구합니다.

주님, 당신의 백성을 은총으로 거두시고,

우리를 도우시며, 당신의 유업을 축복하소서.

당신 앞에 이 모든 소원을 가지고 나아올 수 있으며,

당신이 이미 우리의 목소리를

들어주셨다는 확신으로 감사드립니다.

아멘.

우리를 가르치소서

주님,
당신은 당신의 아들 우리 주 예수 그리스도를 통해
우리를 당신의 자녀로 삼아 주셨습니다.
이제 우리는 부르심을 따라 여기 함께 모여
당신을 찬양하고, 당신의 말씀을 들으며,
당신을 부르고,
우리를 짓누르거나 우리에게 필요한 모든 것을
당신의 손에 맡깁니다.
우리 가운데 계셔서 우리를 가르쳐 주소서.
이를 통해 모든 두렵고 절망스러운 것,
모든 헛되고 반항하는 것,
우리의 모든 불신과 미신까지 다 거두어 주시고,
당신이 얼마나 위대하시고 선하신지
볼 수 있게 하소서.
우리의 마음이 한데 어울려
서로를 조금이나마 이해하고 도울 수 있도록 하소서.
이를 통해 이 시간이

하늘이 열리는 것을 보며
이 어두운 세상 위에 한 줄기 빛이 임하는 것을 보는
빛의 시간이 되게 하소서.

예전 것은 지나갔고 모든 것이 새롭게 되었습니다.
이것은 참되며 우리에게도 그렇습니다.
당신은 예수 그리스도 안에서
우리의 구원자이십니다.
오직 당신만이 이를 올바르게 말씀하시고
보여 주실 수 있습니다.
그러니 우리에게,
또 이 아침, 우리와 더불어 기도하는 모든 이들에게
말씀하시고 보여 주소서.
그들이 우리를 위해서 기도하며,
우리 또한 그들을 위해서 기도합니다.
그들과 우리의 기도를 들어 주소서.
아멘.

당신께 감사드립니다. 당신을 찬양합니다

주님,

당신은 우리를 보시고

우리의 이야기를 들으십니다.

당신은 우리가 우리 자신을 아는 것보다

더 우리를 잘 아십니다.

우리는 당신의 사랑을 받을 자격이 없으나

그런 우리를 당신은 진실로 사랑하십니다.

우리가 우리 자신만 챙기면서

모든 것을 파괴하려는 그때에도

당신은 우리를 도우셨고

여전히 우리를 돕고 계십니다.

당신은 심판자이시지만,

모든 가련하고 혼란을 겪는 이들의

구원자이기도 하십니다.

당신께 감사드립니다. 당신을 찬양합니다.

당신의 위대한 날, 당신이 우리를 자유롭게 하실 때,

지금 우리가 믿도록 허락된

그것을 볼 수 있기를 고대합니다.

우리를 구원하소서.

당신과 당신의 진리에 대한 바르고 신실한 믿음,

행하는 믿음을 주소서.

그 믿음을 많은 이들, 모든 이들에게 주소서.

모든 민족과 모든 정부, 부유한 이들과 가난한 이들,

건강한 이들과 병약한 이들,

갇힌 이들과 스스로 자유롭다고 생각하는 이들,

나이 든 이들과 젊은이들, 행복한 이들과 슬픈 이들,

우울한 이들과 경박한 이들에게 이 믿음을 주소서.

믿음이 필요치 않은 이는 세상에 없습니다.

믿음을 약속받지 않은 사람은 세상에 없습니다.

당신이 은혜로운 주님이자 아버지이심을

그들과 우리에게 말씀해 주소서.

우리 주 예수 그리스도의 이름으로 기도드립니다.

아멘.

당신이시기 때문에

주님,
당신의 말씀을 전하고 들으며,
당신을 찾아 부르고, 당신을 찬양하며,
우리와 온 세상을 위해
선하고 유익한 것이 오직 무엇인지 묻고자
여기 우리가 모였습니다.

어떻게 이런 일이 제대로 이루어지겠습니까?
당신은 우리가 어떤 사람들인지 알고 계시며,
우리 또한 이를 잘 압니다.
우리의 마음은 굳어 있습니다.
우리의 생각은 불순합니다.
우리의 욕망은 뒤틀려 있습니다.
당신 앞에서 우리는 아무것도 부인할 수 없습니다.
그리고 이런 됨됨이에서 비롯된,
지금도 여전히 우리가 자아내는 모든 것은
또 다른 잘못과 죄악을 낳습니다.

우리의 말과 행동은 당신 마음에 합당치 못하며,
나아가 땅 위의 평화를 방해하고 파괴할 뿐입니다.
이 시간, 당신을 섬기며
서로를 도우려 하는 우리는
참으로 어떤 사람들입니까?

우리 중심에서 당신이 말씀하시고
행동하지 않으시면
우리는 그 무엇도 되지 못합니다.
오직 당신의 은총과 자비의 약속 하나만을 붙드니,
곧 당신의 사랑하시는 아들 예수 그리스도께서
우리 가난한 이들에게 좋은 소식을 전하고자,
우리 갇힌 이들에게 해방을 선포하고자,
우리 눈먼 이들의 눈을 열어주고자,
우리 죄인들을 구원하고자 오셨다는 약속입니다.
지금 이 시간에도 우리는 이 약속을 붙듭니다.
우리가 할 수 없는 것을 당신은 하실 수 있습니다.

당신이 이를 또한 원하십니다.

우리는 믿고 신뢰합니다.

당신이 이를 또한 행하실 것입니다.

우리가 선하고 강하기 때문이 아니라

바로 당신이시기 때문입니다.

아멘.

당신을 드러내어 주소서

하늘에 계신 주님,
우리가 당신께 감사를 드립니다.
우리의 마음과 말과 행동 가운데
당신을 향한 찬양과 인정이
성령의 능력을 통해 매일 매일,
오늘도, 내일도, 모레도 생겨나며
또한 참되게 하소서.
나아가 이제 우리를, 우리 한 사람 한 사람을
나름의 방식으로 품으시고 인도해 주소서.
우리 모두에게는 이것이 필요합니다.
우리와 여기 모인 모든 이들과
도처에 있는 가족과 친지에게
우리에게 도움 주시는 주님으로 함께하소서.

또한 혼란스럽고 혼란을 겪고 있는,
억압하고 억압당하는 오늘날 사람들의
행동과 사건들 위에,

그 가운데에 마찬가지로 주님으로 함께하소서.

그들은 당신이 잃어버린 자들이 아니며

그들은 당신으로부터 달아날 수 없음을

모두에게 말씀하시고 보여 주소서.

경건한 이들과 경건치 못한 이들,

영리한 이들과 어리석은 이들,

건강한 이들과 병든 이들의 주님으로

어디서나 당신을 드러내어 주소서.

또한 우리 가련한 교회의,

가톨릭 교회와 개신교회, 다른 모든 교회의 주님으로,

선한 정부와 악한 정부의,

잘 먹고 사는 이들과 그렇지 못한 이들의 주님으로,

특별히 오늘날 자신들이

좋은 것과 그렇지 못한 것을 말하고

써야 한다고 생각하는 이들의 주님으로,

우리가 의탁할 수 있는 우리의 보호자로,

우리가 마지막 날에 그리고 이미 오늘

책임을 가지고 마주할 심판자로

당신을 드러내 주소서.

위대하시고 거룩하시며 자비로우신 주님,

우리는 당신이 궁극적으로

나타나시는 날이 오기를 갈망합니다.

당신이 나타나실 때 온 창조 세계와 그 역사가,

온 인류와 그들의 삶의 이야기들이

과거도, 현재도, 미래도

당신의 선하고 엄정한 손길 안에 있음이

모두에게 명백해질 것입니다.

우리가 이를 갈망하게 해주심에 감사드립니다.

이 모든 것을 예수 그리스도,

당신이 그 안에서 영원 전부터

우리를 사랑하시고 택하시며 부르신

그분의 이름으로 간구합니다.

아멘.

저녁기도를 드리며

하늘에 계신 아버지,

이 시간에 모여 당신께 경배하고

당신의 말씀을 선포하고 들으며

이를 마음에 새기도록 허락해 주시고

명해 주시니 감사드립니다.

그러나 우리는 당신을 기쁘게 하는 이들이

되지 못합니다.

당신은커녕 우리에게 유익이 되는 것을

행하는 이들조차 되지 못합니다.

그래서 당신께 마음을 다해 겸손히 간구합니다.

우리와 함께하셔서 우리를 직접 다스리소서.

우리의 입과 귀를 깨끗하게 하소서.

우리의 가슴과 머리를 열어 밝혀 주소서.

당신을 알도록 우리의 뜻을,

당신을 옳다 인정하도록

우리의 의지를 일깨우시고 굳건하게 하소서.

당신 영의 신선한 기운을 들이마시고

새로워진 겸손함과 사랑과 기쁨으로
내일 우리의 일을 다시 할 수 있게 하소서.

우리 자신뿐 아니라
우리 주위에, 우리 도시에, 우리나라에,
모든 곳에 있는 다른 모든 이들을 당신께 맡깁니다.
당신께는 그들 모두에게 말씀하시며
그들을 위로하고 훈계하실 수 있는 길이 있습니다.
그들과 우리를 내버려 두지 마시고
지금 어두운 곳에 밝음이,
지금 다툼 있는 곳에 평화가,
지금 염려와 두려움이 지배하는 곳에
용기와 확신이 일어나게 하소서.
우리의 간구를 들어 주소서.
우리가 자격이 있어서가 아니라 바로 예수 그리스도,
그분 안에서 상상할 수 없는 은총으로
당신이 영원 전부터
우리를 당신의 자녀가 되기에
합당하도록 만드셨기 때문입니다.
아멘.

이미 넘치도록, 또다시 넘치도록

우리의 목자이신 주님,

영원히 새롭고 참되며 능력 있는

당신의 말씀으로 인해

당신께 감사드립니다.

당신의 말씀을 듣지 않거나,

아니면 우리의 미련함 혹은

고집으로 잘못 들을 때가 너무도 잦으니

당신 앞에 죄송스러울 따름입니다.

당신께 구하오니, 말씀을 우리 안에서,

또한 우리를 말씀 안에서 지켜 주소서.

우리는 당신의 말씀으로 살아갑니다.

그 빛 없이는 우리는 설 자리를 잃고 맙니다.

우리를 향해 거듭 말씀하시는 그 말씀에 의지합니다.

당신이 이전에 행하셨던 그대로 행하시며

또 행하실 것을 우리는 믿습니다.

당신을 신뢰하며 이제 안식하고
내일 새로이 우리의 하루 일을 시작하고자 합니다.
또한 당신을 신뢰하며
이 지역, 이 도시, 우리나라와
온 세상의 다른 이들을 생각합니다.
당신은 그들의 주님이시기도 하기 때문입니다.
무엇보다도 가난한 이들,
육체적으로 또 정신적으로 아픈 이들,
갇힌 이들, 슬픔에 잠긴 이들과 길을 잃은 이들에게,
나라에서, 경제 영역에서, 학교에서, 법원에서
공동체에 봉사할 책임이 있는 이들 모두에게,
이 공동체와 도처의 다른 공동체의 사목자들에게,
당신이 그들의 주님이심을 드러내시기를
지체하거나 멈추지 마소서.

주님, 우리를 불쌍히 여겨 주소서.
당신은 이미 넘치도록 베풀어 주셨습니다.
우리가 이를 어찌 의심하겠습니까?
또다시 넘치도록 당신은 베풀어 주실 것입니다.
아멘.

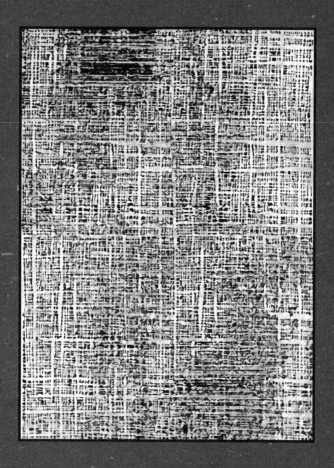

당신은 이미 넘치도록 베풀어 주셨습니다.
우리가 이를 어찌 의심하겠습니까?
또다시 넘치도록 당신은 베풀어 주실 것입니다.

죽음 앞에서

헛되지 않을 소망

주님,
당신은 우리에게 생명을 주시고,
다시 그것을 거두어 죽음의 신비 가운데
잠시 감추어 두시니
언젠가는 이를 빛으로 옮겨
새롭고 깨끗하게 하셔서
우리의 영원한 생명이 되게 하시기 위함입니다.

이제 우리의 형제, 친구를 떠나보내니,
지금 이곳에 함께 모인 우리를 굽어살피시고
우리의 기도를 들어 주소서.
두려움과 슬픔을 당신의 평화 속으로 가져가 주소서.
떠나간 이에 대한, 또 우리 자신에 대한
우리의 모든 상념이
그와 우리를 향한 당신의 선한 뜻에 대한
깨달음으로 이어지게 하소서.

우리를 가르쳐 우리 역시 죽을 수밖에 없는
존재임을 기억하게 하시고,
헛되지 않을 소망 가운데
감사하며 살아가게 하소서.
우리 주 예수 그리스도의 이름으로
이 모든 것을 기도합니다.
아멘.

모든 염려를 당신께

전능하신 주님,

주님의 판단으로 우리가 서며 또 넘어집니다.

우리가 우리의 약함과 무력함을

정직하게 인정하게 하시고,

당신이 우리의 힘이자 능력임을

우리가 늘 기억하게 하소서.

우리 자신과 이 세상 재물에 대한 믿음을

떨쳐낼 수 있도록 우리를 도우소서.

당신 안에서 피난처를 찾으며,

확신 가운데 이생과 영원한 구원을

당신의 손에 맡기도록

우리를 인도하소서.

그리하여 우리가 언제나 당신의 것이 되며

당신께 영광을 돌리게 하소서.

오로지 당신 안에서만 안식하며

당신의 기쁨으로부터 살아가는 법을 익히게 하소서.

당신은 구원의 역사를 시작하시고

또 완성하실 분이시니

주님, 당신께 복종하게 하소서.

두려움과 떨림으로 당신의 부르심을 따르게 하소서.

마침내 모든 위험에서 벗어나

외아들의 고난과 죽음, 부활을 통해

우리에게 주어진 영원한 기쁨에 다다를 때까지

우리가 끊임없이 당신을 찾으며

모든 염려를 당신께 맡기게 하소서.

아멘.

영원한 기쁨에 다다를 때까지
우리가 끊임없이 당신을 찾으며
모든 염려를 당신께 맡기게 하소서.

기도를 마치며

당신께 풍성함이 있습니다

주님,
당신이 명하신 대로
당신의 아들의 이름으로 당신을 부르며
당신의 말씀을 듣기 원합니다.
이 일이 당신 없이 이루어지지 않게 하시고,
거룩한 당신이 함께하는 가운데 성령의 능력으로
당신의 영광을 이루어 주소서.
우리 안에 선한 것이란 없음을
우리는 알고 또 고백합니다.
우리는 당신께 풍성함이 있다는
진리를 붙잡습니다.
우리의 무릎을 꿇게 하셔서
당신의 말씀을 잘 전하며 또 듣도록,
우리의 잘못들로 인해 말씀의 힘과
깊이와 확실함의 그 어떤 것도
손상되지 않게 하소서.

오늘 이 시간 이곳과 또 다른 곳에 모인

모든 공동체에게

이 같은 일이 일어나기를 기도드립니다.

당신 앞에서 만물이 드러나

기쁨의 새 노래를 부를 때까지

우리가 당신의 백성으로서 당신을 알며,

겸손히 당신을 높일 수 있으니 당신을 찬양합니다.

아멘.

자유의 길로 나아가는 첫걸음

당신의 아들 예수 그리스도를 통해

우리 아버지 되신 주님,

당신은 당신 자신을 낮추셔서

우리를 상상할 수도 없이 높여 주셨습니다.

가난해지셔서 우리를 부요하게 하셨습니다.

고난당하시고 죽으셔서

우리에게 자유와 생명을 주셨습니다.

이 영원한 자비와 인애야말로

창조자이자 주님 되신 당신의 능력과 위엄이며,

당신의 영광입니다.

이 영광 가운데 우리가 당신을 찬양하며

그 빛 안에서 허락된 날 동안

우리는 살아갈 수 있습니다.

이 모든 것에 당신께 감사드립니다.

당신께 감사하는 가운데

더욱 당신께로 나아가

이해되지 않으며 해결되지 않는 일들,

도움의 손길이 필요하다고 여겨지는 모든 일을

당신 앞에 내어놓습니다.

당신의 은총 안에서 이제 또 영원히

우리 한 사람 한 사람을

기억해 주시고 불쌍히 여겨 주시기를 간구합니다.

우리는 당신 없이는 아무것도 할 수 없습니다.

이 땅 위에서 혼란스러워하고, 분열되어 있으며,

연약하고, 실수투성이인

당신의 교회를 불쌍히 여기소서.

먼저 구원이 찾아왔으나 이를 알아보지 못하고 거절한

눈먼 당신의 백성 이스라엘을 불쌍히 여기소서.

당신 이름의 빛을 아직도,
온전히 얻지 못한 과거와 현재,
멀리 혹은 가까이 있는 비그리스도인들,
무신론자들과 우상 숭배자들을 불쌍히 여기소서.

평화와 정의를 어떻게 추구해야 할지
전혀 알지 못하는 이 땅의 정부들과 나라들,
과학과 교육의 영역에서
인간의 노력이 자아내는 혼란들,
부부와 가족 안에서 일어나는
갈등들을 불쌍히 여기소서.

굶주리고 궁핍한 무수한 이들,
박해받고 망명한 수많은 이들,
이곳과 다른 곳에서 육체적으로
또 정신적으로 아픈 이들,
외로운 이들, 갇힌 이들,
그리고 사람으로부터 처벌당하고 있는 모든 이들을
불쌍히 여기소서.

시험과 죽음의 시간에 우리 모두를 불쌍히 여기소서.

주님, 당신이 시험과 죽음을 정복하셨으니

당신과 더불어 우리도 이를 정복했음을

알고 또 믿습니다.

다만 당신께 구하오니,

우리가 저 자유의 길로 나아가는

첫걸음을 내딛게 하소서.

아멘.

우리가 저 자유의 길로 나아가는
첫걸음을 내딛게 하소서.

우리는 우리가 죄인이라는 것, 그리고 우리가 완전한 순
종을 실현하지 못한다는 사실을 아직 이해하지 못합니
다. 우리 자신이 아직 베일로 덮여진 상태(1고린 13:12)에
있다는 것을 모르고 있습니다. 우리는 그 베일을 벗겨야
합니다. 우리가 기도한다면, 우리의 인간적 성향들은 베
일을 벗게 되며 우리가 이런 곤궁과 또한 이런 희망 속에
있음을 알게 됩니다. 우리를 이와 같은 상황으로 인도하
신 분은 주님이십니다. 그러나 동시에 주님은 우리를 도
우러 오십니다. 인간이 자신의 곤궁함을 이해하고 또한
자신에게 도움이 주어진다는 것을 이해한다면, 그때 기
도는 인간의 대답입니다.

- 칼 바르트, 『칼 바르트 기도』중

이 책은 칼 바르트의 기도들을 모아 놓은 기도서이다.
지은이가 서문에서 밝혔듯 이 기도서에 실린 기도들은 그

가 설교문을 작성할 때 함께 쓰여 설교를 시작하기 전에, 혹은 설교를 마무리할 때 실제로 그의 입으로 흘러나온 것들이다. 누군가는 20세기 가장 위대한 신학자로 손꼽히는 인물의 기도서에 왜 『설교자의 기도』라는 제목을 붙였는지 의아해할 수도 있을 것이다(게다가 원제는 단순히 '50가지 기도'인데 말이다). 그러나 역사적 사실만을 놓고 보더라도 바르트는 '신학자'이기 전에 '설교자'였다. 생전에 그는 신학 박사 학위를 받지 않았고, 강의와 저술의 길로 나서기 전에 자펜빌에서 사목 활동을 했으며, 강의와 저술 활동 중에도 수시로 학교에서, 교회에서, 감옥에서 설교를 했다. 아니, 어쩌면 그의 강의조차 또 다른 방식의 설교였을지도 모른다. 그에게 신학은 우리를 지극히 사랑하시는 주님의 말씀을 '지금, 여기'에서 '선포'(설교)하는 불가능한 가능성의 활동이었기 때문이다. 그가 자신의 조직신학, 혹은 교의학 저작에 '교회교의학'이라는 이름을 붙임으로써 '교회'라는 구체적인 장소와 신학의 불가분성을 이야기했듯 『설교자의 기도』라는 제목에는 암묵적으로 '신학'과 '설교'의 불가분성, 그리고 이 모든 활동의 바탕이자 원천이 기도라는 이해가 깔려있다. 방대한 저작이 지닌 외적인 풍모 때문에 그의 학문과 사상에 접근하기를 망설여했던 이들은 이 기도서를 통해 그의 신학 사상 전반, 또 신학 활동의 특징과 목적까지도 헤아려볼 수 있는 기회가 될 것이다.

최근 몇 년간 번역 출간된 그의 저서들과 안내서들이 적지 않으므로 이 자리에 또 다른 '바르트 신학 해설'을 할 필요는 없을 것이다. 다만 이 기도서의 형식과 내용상의 특징을 대략이나마 소개하는 것은 독자들을 위해 유용한 안내가 되리라 생각한다. 실제로 바르트가 특정한 때, 특정한 장소와 상황에서 설교하며 드린 기도들과 그 기도들을 추려서 모아 놓은 이 기도서 사이에는 다소 차이가 있다(물론 이 책은 바르트 생전에 출간되어 본인의 확인을 받았고, 그는 이 '차이'를 꽤히 받아들였다). 바르트 전집을 보면 이 기도들과 함께 했던 설교, 그리고 행해진 일자와 장소가 모두 기록되어 있는 반면, 이 기도서는 그 일자와 장소를 표기하지 않았다. 게다가 같은 날 설교 전과 후에 행한 기도들을 나름의 주제로 나누어 별개의 기도들처럼 편집하기도 했으며, 구체적인 정보를 담은 표현은 바꾸거나 없애기도 했다. 아마도 특정한 상황에 이 기도가 매이지 않기를, 더 넓은 맥락과 상황 속에서 다양한 이들이 이 기도들과 만나기를 의도했을 것이다(그리고 이러한 편집의 의도를 번역에도 조금이나마 담아보고자 했다. 이를테면 나치에 저항하던 '고백 교회'를 언급하는 기도 문구는 '당신을 주님으로 고백하는 교회들'로 옮겼다). 물론 몇몇 기도 속에서는 그 역사적 배경을 엿볼 수 있는 표현이 등장하기도 한다. 동서방 양진영의 정치 지도자들을 위한 간구는 1960년대 이후 격화되었던 냉전 구도(바르트는 이 냉전 구도와 그 안에서 벌어지던 핵무장 경쟁에 공공연히 우려를 표명했다)를 담고 있으며, 박해받는 유대인들을 위한 간구에서는 히틀러 치하에서 자행된 유대인 박해와 홀로코스트를 떠올릴 수 있다. 그러나 이들은 모양과 구도를 달리하면서 지금도 도처에서 벌어지고 있는 여러 유사한 문제들과 관련해 '지금, 여기'서 우리가 드리는 기도와도 충분히 공명할 수 있다. 전쟁의 그늘에서 완전히 벗어나지 못했으며 혐오와 배제, 착취라는 사슬을 끊어내지 못한 채 도리어 이를 대물림하고 있는 우리의 현실을 감안한다면 더더욱 그러하다.

그런 편집의 의도를 따라 독자들은 바르트와 그가 속했던 세계, 그리고 자신과 자신이 속한 세계를 끊임없이 잇대며 이 기도서를 읽어나갈 것이다. 그 도상에서 우리는 특정한 신앙 고백을 일관되게 견지한 한 사람, 그러면서도 그리스도교 세계 전체의 온전한 연대를 소망하는 한 사람을 만난다. 말씀과 성령의 도움만이 우리에게 참된 도움이 될 수 있다고 고백하면서도 노구를 이끌고 교도소의 수형자들을 찾으며 자신의 주변에서 고통 받는 이들을 끊임없이 살피는 한 사람을 읽는다(여기에 수록된 기도들 중 다수는 바젤 교도소 수형자들과 함께한 예배에서 드린 기도다. 그는 68세가 되던 1954년부터 꾸준히 그곳을 찾아가 함께 예배를 드리고 설교를 전했다). 인간의 우상화를 경계하면서도 이 땅에서 구체적으로 살아가는 모든 이들을 위해 기도하는 한 사람, 폭력의 정점을 찍던 권력에 의해 실질적으로 핍박을 받았으면서도 그들을, 그리고 그들에게 협력하는 이들과 박해받는 이들 모두를 기도에 담아내는 한 사람을 본다. '더 나은 사회'를 향한 인간의 비전으로 축소될 수 없는 궁극의 나라가 도래하기를 소망하면서도 노동의 가치가 충분히 인정받기를 바라는 한 사람, 사회 정의에 관심을 기울였을 뿐 아니라 실제로 참여를 망설이지 않았던 한 사람을 만난다. 그리고 우리는 이 한 사람의 기도를 오늘 우리의 삶의 정황과 물음 속에 담아 또 다른 방식으로 기도할 수 있다. 이렇게 한 사람의 기도가 우리의 기도로 이어지는 것을 통해, 우리는 우리의 신앙과 체험이 결코 사적인 종교, 단순한 개인의 경건으로 환원될 수 없음을, 또 이를 넘어선 거대한 생명에 우리 모두가 연결되어 있음을 어슴푸레하게나마 깨달아간다. '나'를 넘어서 우리를 창조하고, 지탱하고, 갱신해 나가는 저 사랑의 활동을 붙잡고 이를 기도와 삶에 담아냄으로써 '나'의 안과 밖 모두를 붙잡는 수고가 곧 신앙임을 되살피게 된다.

또한 독자들은 이 기도들이 곤궁하고 무력한 인간의 처지와 영원한 소망, 인간의 자유와 전적인 은총을 잇대기 위해 부단히 애를 쓰고 있음을 주목해 볼 수도 있다. 이를 통해 우리는 모순과 혼란과 사악함이 가득한 '자신'과 이 '자신'들이 빚어낸 현실에 절망하면서도 동시에 자비와 평화와 선함이 가득한 은총으로 거듭난 '우리'와 '우리'에게 주어진 은총의 세계에 끝없이 감사하는 역설 가운데 바로 그리스도교 신앙의 핵심이 자리하고 있음을 다시금 확인한다. 그렇기에 우리는 스스로 가장 충만한 상태에 이르렀다고 자신했을 때조차 기도할 수 밖에 없으며, 동시에 가장 경건치 못한 순간, 벗어날 길 없는 절망에 빠졌을 때조차 기도할 수 있다. 그렇게 저 위대하지만 작은 한 사람의 기도를 통해 우리는 앎으로 다 잡아낼 수 없는 신비 앞에 잠잠히 입을 다물되, 비틀거리고 질척이는 삶의 발자취에 도리어 저 신비가 새겨져 자그마한 빛을 드러낼 것을 믿고 지금 한 걸음 내디뎌야 할 것을 되새기게 된다. 질척이나 중단 없는 이 발길, 그래서 부끄러우나 동시에 의연한 이 긴장이 지금 여기에서 우리에게 요구되는 자기 부인과 그리스도 따름을 잇는 유일한 다리가 될 것이기에.

2019년
대림을 기다리며
박정수

설교자의 기도

초판 발행 ｜ 2019년 10월 22일

지은이 ｜ 칼 바르트
옮긴이 ｜ 박정수

발행처 ｜ ㈜타임교육
발행인 ｜ 이길호
편집인 ｜ 김경문
편　집 ｜ 민경찬 · 양지우
검　토 ｜ 방현철 · 손승우 · 정다운
제　작 ｜ 김진식 · 김진현 · 이난영
재　무 ｜ 강상원 · 이남구 · 진제성
마케팅 ｜ 이태훈 · 방현철
디자인 ｜ 민경찬 · 손승우

출판등록 ｜ 2009년 3월 4일 제322-2009-000050호
주　소 ｜ 서울시 강남구 봉은사로 442 75th Avenue 빌딩 7층
주문전화 ｜ 010-9217-4313
팩　스 ｜ 02-395-0251
이메일 ｜ innuender@gmail.com

ISBN ｜ 978-89-286-4590-9 03230
한국어판 저작권 ⓒ 2019 ㈜타임교육